安岡正篤先生の天皇論・国家論

水野　隆徳

推薦の言葉

郷学研修所・安岡正篤記念館副理事長兼所長　荒井　桂

安岡正篤先生の教育と学問に関する教えを総括して安岡教学という用語が使われている。「教学」という概念は、東洋伝統の教育・学問を総括したものであり、『禮記』の「學記」篇の中の言葉、「教學相長ず」「教ふるは學ぶの半ばなり」等の語に由来している。教えと学びとは一体としてとらえなければならないとする考えに立っている。

この東洋伝統の「教学」をふまえて、和・漢・洋の古典と歴史に立脚して説かれる安岡正篤先生の実践的人間学・活きた人物学を根幹とする教え全体を「安岡教学」と総称している。そしてその思想・哲学の根柢には、孔子・孟子に始まり王陽明に至る東洋の伝統の「修己治人」の学、仏教の哲学及び日本の伝統である大和心から日本精神に至る思想的伝統があった。しかも安岡先生は、東大に政治学を学び、その背景にある欧米の哲学・社会科学の論理と概念の理解も豊かであった。加えて安岡教学は、国家・社会・文化を動かすものは、結局のところ「人」であるとの観点に立ち、「人物」を最重視する。その「人物養成」こそ、安岡正篤先生の生涯の使命であった。戦前からの財団法人金雞学院、日本農士学校、戦中の国維会そして戦後の全国師友協会と、人物育成の教育啓発活動に尽力して已まなかったのはそのためであった。

昭和五十八年先生没後も、著書、講演録、語録等が数多く出版されベストセラーとなっている。激動・激変の昭和の時代を一貫して指導者層の精神的支柱となり続けた安岡教学は、時代の垣根を越え、人や社会の変転を超えて説得力を失わない、いわば不易性・普遍性を有していたことが明白である。このため社会的混迷の続く令和の時代になっても、多くの人びとの心の支え、精神的支柱として読み続けられていると言える。

大正十一（一九二二）年、東京帝国大学卒業の際出版した『王陽明研究』によって論壇の高い評価を得、大正十三（一九二四）年、『日本精神の研究』とその後に出版した『天子論及び官吏論』によって、時の宮内大臣牧野伸顕の知遇を得たことに始まり、昭和四（一九二九）年『東洋倫理概論』、同七（一九三二）年『東洋政治哲学』を出版して人物育成の教科書としている。この時、安岡正篤先生は三十二歳から三十五歳のころであり、安岡教学の骨格はほぼこれらの四名著で出来上がったといわれている。戦後、公職追放中、武蔵菅谷荘に隠棲中に執筆した『老荘思想』は小冊子ながら名著の誉れ高く、講演のまとめとして出版された『禅と陽明学』上・下巻は分かりやすい名著として多くの読者を得ていたが、いずれもその思想なり哲学が、儒教・仏教・道教三教を土壌として生まれており、しかもそれを記述するのに欧米の概念と論理を援用しているので今の読者にもよくわかるのである。

以上、安岡正篤先生の人物像と安岡教学の概要について述べた理由は他でも無い、このたび上梓される水野隆徳先生の『安岡正篤先生の天皇論・国家論』の内容が、安岡教学の全般に亘っているからである。

著者水野隆徳先生は、昭和四十年東京大学教養学部を卒業し、富士銀行に入行後国際エコノミストとして活躍され、欧米の学問にも造詣深く、臨済禅の僧職にも在って禅仏教にも明るい。その水野先生が、安岡教学に心酔傾倒し、安岡先生の全著作等を渉猟した上で成った名著が本書である。

序　文

『安岡正篤先生の天皇論・国家論』の執筆にあたった一年間、私は自ら課した公案を拈提してきた。

・宇宙は何処から来て何処に往くのか—宇宙の去来。
・天皇・皇室は何処から来られて何処に往かれるのか—天皇・皇室の去来。
・自分は何処から来て何処に往くのか—自己の去来。

これを統一的に証悟することが自らに課した公案であった。

これを証悟できたのは、新元号「令和」発表の瞬間である。その時私は、静かに坐して感慨にふけった。

本書では、三つのテーマが取り扱われている。

第一は、安岡先生が果たされた二つの大きな歴史的役割である。その一つは、「平成」の元号を考案されたこと、二つは、昭和天皇の「終戦詔書」を刪修されたことである。

第二は、安岡先生の「大東亜戦争史観」である。開戦直後、国中が戦勝に沸き返る最中、先生はなぜ中国の古典を講じられたのか。戦局が急激に悪化する中、先生は国民にどのような覚悟を説かれたのか。金雞会例会での講義内容をもとに実証的に解説している。

第三は、本書の核心的部分で、『日本精神の研究』と『日本精神通義』をもとに、安岡先生の日本精神論と天皇・皇室論を解説している。この二書は、安岡先生の著作の中でもきわめて難解な書で、その真髄を的確にお伝えできたか不安であるが、これまで誰れも取り扱ったことのない分野に敢えて挑戦してみた。

安岡先生の歴史に対する深い造詣と、歴史的事象から本質を見抜く眼力には驚嘆させられる。本書では、日本の歴史を貫く日本精神、かむながらの道、万世一系の皇統・天徳を解説している。

『東洋政治哲学』と『東洋倫理概論』については、「日本には易姓革命がない」「日本は王道国家である」という先生の卓見を記している。先生の天皇・皇室論の核心である。

このたび、新元号「令和」によって万葉の精神と日本の美しい自然、日本の本来の国柄が甦った。これは、われわれ日本人が、『古事記』『日本書紀』の神話の世界に立ち返り、古代から連綿として続く我が国本来の古典・文化・思想・国家の歴史、ならびに日本人の心と精神の歴史をひもといてみる機会となった。

「万世一系」の天皇制は、日本が世界に誇ることのできる至高・至尊の制度であり、一時的な世論や国民感情によって是非が問われるものであってはならない。安岡先生のこの信念を正しくお伝えすることができれば、本書執筆の目的はほぼ達成されたことになる。

私個人としては、本書執筆の過程を通じて、これまで書棚に眠っていたさまざまな本を改めて通読し、また書店で目にとまった本を購入して、新たな知識を幅広く吸収する機会に恵まれた。

『日本精神通義』の解説書を書いてみたらとの声もいただいている。実に充実した一年であった。

安岡正篤先生の天皇論・国家論◆目　次

目　次

目　次

目　次

目　次

本文・引用文ともに□枠、傍線については、断りのない限り筆者によるものである。

第一章　新元号は「令和」

Ⅰ　歴史的改元：『万葉集』から引用

二〇一九年（平成三一）四月一日、午前一一時四一分の首相官邸。菅義偉内閣官房長官が記者会見を行い、

令和

と墨書された額縁を掲げて、「平成」に代わる新しい元号を発表した。

「閣議で元号を改める政令および元号の呼び方に関する内閣告示が閣議決定された。新し

い元号は「令和《れいわ》」であります。新元号は本日、元号に関する懇談会と衆参正副議長の意見をうかがい、全閣僚で協議の上、閣議で決定した。令和は万葉集から引用した。新元号の制定理由は、首相自身から直接お伝えする。」

元号は、中国、前漢の武帝の時に「建元」（西暦紀元前一四〇年）と号したのが始まりで、清朝末期（二〇世紀初め）まで続いた。我が国では、大化改新があった六四五年に「大化」と号したのが最初で、これまで、元号は『詩経』『書経』などの儒書や、『史記』『後漢書』など中国の歴史書から選ばれてきた。我が国の元号は、すべて「漢籍」（中国の古典・歴史書）に拠ってきたのである。これに対し、「令和」は『万葉集』から選ばれた。約一四〇〇年の元号の歴史で、初めて「国書」（日本の古典）が典拠となったのである。まさに

歴史的改元

と云える。「令和」の典拠を示すと次のようになる。

出典　「万葉集」巻五、梅花《うめのはな》の歌《うた》三十二首《さんじゅうにしゅ》并《あわ》せて序《じょ》

引用文　初春令月、気淑風和、梅披鏡前之粉、蘭薫珮後之香

書き下し文　初春《しょしゅん》の令月《れいげつ》にして、気《き》淑《よ》く風《かぜ》和《やわら》ぎ、梅《うめ》は鏡前《きょうぜん》の粉《こ》を披《ひら》き、蘭《らん》は珮後《はいご》の香《こう》を薫《かお》らす

現代語訳　時あたかも初春の好き月、空気は美しく風はやわらかに、梅は美女の鏡の前に装う白粉のごとく白く咲き、蘭は身を飾った香の如きかおりをただよわせている。

(注) 現代語訳は『万葉集　全訳注原文付（一）』中西進)

「令和」は、『万葉集』巻五、「梅花の歌三十二首并せて序」から選ばれた。「令」は令月の令、「和」は風和らぐの和である。

Ⅱ　国書か漢籍か

菅官房長官の談話に続き、安倍晋三首相は「首相談話」を発表した。首相はその冒頭で次のように語っている。

「本日、元号を改める政令を閣議決定いたしました。
新しい元号は『令和《れいわ》』であります。
これは、万葉集にある『初春《しょしゅん》の令月《れいげつ》にして　気淑《きよ》く風和《かぜやわら》ぎ　梅《うめ》は鏡前《きょうぜん》の粉《こ》を披《ひら》き　蘭《らん》は珮後《はいご》の香《こう》を薫《かおら》す』との文言から引用したものであります。」

「万葉集は、一二〇〇年余り前に編纂《へんさん》された日本最古の歌集であるとともに、天皇や皇族、貴族だけでなく、防人《さきもり》や農民まで、幅広い階層の人々が詠んだ歌が収められ、我が国の豊かな国民文化と長い伝統を象徴する国書であります。」

「令和」が『万葉集』から引用されたということで、世の中は〝万葉ブーム〟に沸き返っているが、安倍首相はここで

「万葉集は国書である」

と語っている。国書という言葉は一般的には馴染みが薄い言葉であるが、

漢籍（中国の古典・歴史書）から選ぶべきか

国書（日本の古典・歴史書）から選ぶべきか

ということは、今回の元号選定に当って関係者の間で大きな関心事となっていた。

「平成」の元号は「大化」から数えて二四七番目、これまで日本の元号は、七七の「漢籍」から選ばれている。最も多いのは『書経』で三五回、二番目が『易経』で二七回、三番目が『後漢書』で二四回となっている。『書経』と『易経』がいかに好まれていたかがわかる。

今回の元号選定に当っては、漢籍から選ぶというこれまでの慣例にとらわれず、

「国書を選択肢に」

という意見がすでに出されていた。例えば、日本財団会長の笹川陽平氏は

「中国古典にとらわれず新元号を」

として次のように述べていた。

「新元号は中国の古典からの引用をやめ、わが国独自の自由な発想で定めてほしく思う。それが新しい元号の在り方であり、国民の親しみにもつながる。」

（『産經新聞』、平成三一年、二〇一九年一月三日）

国文学でまず最初に挙げられるのは

万葉集

である。今回その通りとなった。『古今和歌集』『新古今和歌集』も勅撰であるから含めてよいであろう。『懐風藻』も面白い。国文学と云えば『源氏物語』『枕草子』が頭に浮かぶ。

歴史書の中では

古事記

日本書紀

が双璧である。これは国書としての性格上当然である。『神皇正統記』『古事記伝』『日本外史』『大日本史』なども候補として挙げられる。

今回の改元に当って、安倍晋三首相の支持基盤である保守派の間からは、新元号を「国書」から採用するよう求める声が上がっていたが、それが実現した。

Ⅲ　日本の国柄

首相は「談話」の中で次のように語っている。

「悠久の歴史と薫り高き文化、四季折々の美しい自然。こうした日本の国柄を、しっかりと次の時代へと引き継いでいく。厳しい寒さの後の春の訪れを告げ、見事に咲き誇る梅の花のように、一人ひとりの日本人が、明日への希望とともに、それぞれの花を大きく咲かせることができる。そうした日本でありたい、との願いを込め、『令和』に決定いたしました。」

悠久の歴史／薫り高き文化／四季折々の美しい自然

安倍首相によれば、これが日本の国柄である。首相は、この国柄を『万葉集』に詠まれている初春の風景の中に見て取った。目に見えるもの、肌に触れるもの、鼻に香るもの、すべてが美しい、初春の美しい自然の姿である。これは、安倍首相が第一次安倍内閣発足の時に掲げた「美しい日本」の姿に重なってくる。安倍首相は、この美しい日本の国柄をしっかり次の時代に引き継いでいく決意でいる。実は、これこそが「令和」を新元号とする決め手となった。安倍首相は、首相談話に続く会見の中で次のように語っている。

「検討過程について申し上げることは差し控えるが、我が国が誇る悠久の歴史、文化、伝統の上に次の時代を担う世代のために未来に向かってどういう日本を築き上げていくのか、そしてその新しい時代への願いを示すうえで最もふさわしい元号は何か、という点が一番の決め手だった。」

一番の決め手という言葉に注目したい。

それでは新しい時代とはどういう時代なのか。平成に続く次の時代とはどういう時代なのか。それは、『万葉集』梅花の歌に「梅は鏡前の粉を披き」とあるように、一人ひとりの日本人が明日への希望とともに、それぞれの花を大きく咲かせることができる時代である。

平成の時代は、日本の国にとっても、一人ひとりの日本人にとっても、決して平坦な時代ではなかった。むしろ厳しい時代と表現する方が適切かもしれない。しかし、「平成」から「令和」の時代に移るに当って安倍首相は、厳しい寒さに耐えて咲き誇る梅の花に例えて、日本人一人ひとりが活躍できる時代の創造を国民に呼びかけたのである。

『万葉集』には、天皇・皇族や貴族、官人だけでなく、防人・農民まで、階級にかかわりなく一般庶民が詠んだ歌が収められている。ここには、日本社会の多様性と豊かな国民文化が反映されている。安倍首相は、万葉集の歌と日本の国柄と自らの国家観を結びつけて国民にメッセージを発している。

Ⅳ　時代の薫り

「平成」から「令和」への改元は、上皇さまがご譲位され、今上陛下がご即位されたことによる改元である。安倍首相は、首相談話を次のように締めくくっている。

「元号は、皇室の長い伝統と、国家の安泰と国民の幸福への深い願いとともに、一四〇〇年近くにわたる我が国の歴史を紡いできました。日本人の心情に溶け込み、日本国民の精神的な一体感を支えるものともなっています。この新しい元号も、広く国民に受け入れられ、日本人の生活の中に深く根ざしていくことを心から願っております。」

元号は日本人の心情に溶け込み、日本国民の精神的な一体感を支えるものになっている

安倍首相のこの指摘は、日本の元号問題を考える上で極めて重要である。新元号発表の瞬間、全国民の目が「令和」に集中したのは、いみじくも日本国民の精神的な一体感を示すものとなった。これまさに

日本精神

と表現すべきものである。元号から日本の時代精神が伝わってくる。

これに対し、わが国には今なお元号制度不要論が根強く存在している。一つには西暦が定着していて、元号と併用では不便だ、という主張である。もう一つは天皇制反対の立場である。

元号不要論について安倍首相は、新元号発表翌日の『産經新聞（四月二日）』との単独インタビューで次のように語っている。

「単純に合理主義からいえば、西暦は便利じゃないかという意見があると思う。しかし、同時に元号はそれぞれの元号が持ついわば時代性がある。昭和の時代、大正の時代や明治の時代がどういう時代であったかは、西暦の『一九五〇年代』とはだいぶ違い、時代の薫りが伝わってくるのだろうと思う」

元号には時代性がある／元号からは時代の薫りが伝わってくる

ここにみられるように、安倍首相は西洋的合理主義とは一線を画している。安倍首相は、インタビューの中で「薫り」という言葉を二度使っている。

「わが国の豊かな国民文化を象徴する世界に誇るべき国書だ。我が国の悠久の歴史、薫り高き文化、四季折々の美しい自然。日本の国柄はしっかりと次の時代にも引き継がれていくべきだ。」

「西暦の『一九五〇年代』とはだいぶ違い、時代の薫りが伝わってくるのだろうと思う」

時代の薫りとは、時代精神である。これは、安岡正篤先生が『日本精神通義』の中で考究されている「日本精神」に通じるものである（本書第六章参照）。

その中で先生は、江戸時代国学の四大人と称された賀茂真淵について、「上代日本の簡素純真な面目にあこがれて、『万葉集』を研究し、…天地自然の道にしたがって」と記されている。賀茂真淵の思想学問を発展させた本居宣長については「人情、自然を愛して文芸をよく理解し」、「『万葉集』を中心に古語古書の研究を深め…純真素朴な民族本来の精神に立って」と記されている。安岡先生は、『万葉集』と万葉精神に深い造詣を持っておられ、『万葉集』を日本精神の源流、日本人の心の源流とされている。

「令和」の元号は、『日本精神通義』の日本精神に通じるものがある。

第二章　平成の元号：考案者は安岡正篤先生

安岡先生は、歴史の二つの節目において重要な役割を果たされている。一つは大東亜戦争を終結させた終戦詔書の刪修であり、もう一つは平成の元号の考案であった。この二つの出来事について、先生が自らその役割を明らかにすることがなかった為、後にさまざまな議論を呼ぶこととなったが、終戦詔書の刪修と平成の元号には先生の天皇論・国家論が深く反映されている。特にそれは終戦詔書の刪修において顕著である。本格的な天皇論・国家論の前に、先生の二つの歴史的役割について記すこととする。

Ⅰ　「平成」の考案者は誰れか

昭和天皇は、一九八九年一月七日、午前六時三三分に八七歳八ヵ月で崩御された。そして八時間後の午後二時三〇分、小渕恵三・内閣官房長官（当時）が、首相官邸内の記者会見室で一枚のメモを読み上げた。

新しい元号はへいせいであります

小渕長官の両手には、「平成」と墨書された額縁入りの紙が大きく掲げられていた。「平成」の元号発表の後、新元号について次のような竹下登首相談話が発表された。

「本日、元号を改める政令が閣議決定されました。この政令は、今般の皇位の継承に伴い、元号法の規定に基づいて新しい元号を定めたものであります。

新しい元号は『平成』（へいせい）であります。これは、史記の五帝本紀及び書経の大兎謨（だいうぼ）中の『内平らかに外成る（史記）、地平らかに天成る（書経）』という文言の中から引用したものであります。この『平成』には、国の内外にも天地にも平和が達成されるという意味がこめられており、これからの新しい時代の元号とするに最もふさわしいものであると思います。」

その後、マスコミ等の関心を呼び、今もって話題となっているのが、「平成」の元号考案者である。これについては、次の三氏の名が挙っている。

安岡正篤氏（陽明学者）
山本達郎氏（元東京大学名誉教授）
諸橋轍次氏（元東京教育大学名誉教授）

Ⅱ　「平成」の元号制定の経緯

元号制定の根拠法は、一九七九年（昭和五四）六月に制定された「元号法」である。それから一〇年後の一九八九年一月七日に「平成」の元号が制定された。その間における節目の出来事を時系列で表に示してみる。

昭和五四年	一九七九年	六月の「元号法」成立を受けて政府は安岡正篤氏（陽明学者）や宇野精一氏（東大名誉教授）ら四名の識者に新元号の考案を委嘱。安岡氏が「平成」など、宇野氏が「正化」などの案を提出。
昭和五九年	一九八四年	貝塚茂樹氏（京大名誉教授）を考案者に追加。同氏は「文思」案を提出。
昭和六二年	一九八七年	政府、改元準備を見直し。山本達郎氏（東大名誉教授）、目加田誠氏（九州大教授）らに委嘱。山本氏が「平成」、目加田氏が「修文」などを提出。
昭和六四年	一九八九年 一月七日	
	午前	政府は、天皇陛下の崩御を受けて新元号名考案を委嘱してあった数名の学者山本氏、目加田氏、宇野精一氏らに対し、それぞれ電話で正式に考案を委嘱、候補名の提案を受けた。その中から小渕恵三官房長官が味村治内閣法制局長官と協議。数個の元号原案を選択。

午後一時	「元号に関する懇談会」の意見聴取、ならびに衆参両院正副議長の意見聴取
午後二時一〇分	全閣僚会議に懇談会の結果を報告、新元号は「平成」に絞られた。続いての臨時閣議で新元号を「平成」と定める旨の政令を正式決定。首相官邸から宮内庁を通じて新天皇に報告。
午後二時三六分	小渕官房長官、新元号を正式発表。
午後二時四五分	新天皇、新元号を「平成」と定めた「元号を改める政令」（昭和六四年政令第一号）に「明仁」とご署名。
一九八九年　一月八日	「元号を改める政令」公布

「昭和」に替わる新元号の制定については、昭和天皇が長くご病気であられたことから、万一の事態になっても対処できるよう崩御前年の一〇月頃から怠りなく進められていた。天皇が崩御された当日の午前六時一五分頃、竹下首相は吹上御所に向かった。天皇が崩御されたのは六時三三分。崩御から七時間のうちに「元号に関する懇談会」（以下「有識者懇談会」）と「閣僚会

議」による新元号承認手続きを済ませなければならない。

有識者懇談会（委員八名）は、一月七日午後一時から首相官邸で開かれた。

各委員の机の上には元号案が入った封筒が置かれていた。原案には「平成」「修文」「正化」の三案があったが、優先順位は示されていなかった。考案者の名前は伏せられていた。

有識者懇談会の冒頭、小渕官房長官から、三つの原案について委員の意見を伺いたいとの要請があり、次いで的場順三・内閣内政審議室長が三案の意味・出典を説明、石原信雄・官房副長官が意見表明を促した。八人の委員はそれぞれの意見を述べた。

小林与三次氏（日本新聞協会会長・読売新聞代表取締役社長）は「平成が一番穏やかで、平明でわかり易い」、久保亮五氏（東大名誉教授）は「平易で親しみ易い」、縫田曄子氏（元国立婦人教育会館館長）は「平成がわかりやすくてよい」と述べた。「修文も文化国家を目指す意味でよい」という意見もあった。

有識者懇談会の意見を聴取した後、小渕官房長官が国会内に衆参両院正副議長を訪問、国民代表という立場からの意見を聞いた。原健三郎・土屋義彦衆参両議長ともに「政府にお任せする」との意向を表明した。

小渕官房長官は、これを踏まえて全閣僚会議で「懇談会では『平成』を支持する意見が大勢だった」と説明、引き続いての閣議で、「平成」の新元号が正式決定された。これを受けて、首相官邸から宮内庁を通じて新天皇に対し

新元号は平成とする

との報告が行われた。ここに新元号制定のすべての手続きが完了したのである。

Ⅲ　竹下登・元首相：安岡正篤先生に言及

「平成」の考案者については、元号発表以来、マスコミがスクープを追い続けてきたテーマである。

一九八八年（昭和六三年）九月二〇日、昭和天皇が吐血され、ご容態の急変という緊迫した状況の下で、午後一時半過ぎ、首相執務室で二つの会議が開かれた。

最初の会議は、出席者が小渕官房長官の他に石原信雄・官房副長官、古川貞二郎・首席内閣参事官の四人、皇位継承、大喪についての協議が行われた。後半の会議では、古川参事官に代

わって、的場順三・内閣内政審議室審議官と福島忠彦・内政審議室参事官が入り、元号問題が協議された。「平成」の新元号を報じた日の『讀賣新聞』（平成元年一月八日）は、この会議につき次のように記している。

「実は、この日の協議で、絞った複数の元号案がテーブルの上に乗せられ、これを受けて竹下の意向が示されていた。

もちろん正式には、昭和天皇の崩御を受けて、学者に考案を委嘱。提出された案の中から絞り込み、有識者懇談会、閣議などを通じて決定されたのだが、新元号『平成』こそまさしく竹下の意向だった。新元号は事実上、〝竹下裁定〟で数か月前に決まっていたわけだ。」

「新元号『平成』は竹下登首相（当時）の意向」という記述は重要である。しかし、記者が誰れであったか、ここでは明らかにされていない。この『讀賣新聞』の記事には、もう一つ貴重な情報が記されている。

「関係者によると、『元号法制定までのつなぎ』として、福田赳夫（当時首相）の特命を受けた藤田正明（当時総務長官、前参院議長）を中心に、学者への元号案の考案依頼、案の回収が行われ、『最終的には福田首相も目を通し、内閣審議室（現在の内閣内政審議室）の室長の部屋の金庫に保管された』（内政審議室ＯＢ）。」

元号法の成立は、一九七九年（昭和五四）のことである。従って新元号選定の動きは、それより二年前（一九七七年、昭和五二）から始まっていたことになる。

ここには、政府から新元号の考案依頼を受けた学者の名前と元号案は記されていない。これ以後、考案者が亡くなると、時の政府はあらたに学者らを選定し、元号の考案を依頼してきた。

「平成」の元号発表から一週間後（一九八九年、平成元年一月一四日）、『朝日新聞』は、「時時刻」欄で「元号制定のナゾ」として次のように報じた。

「関係者の話を総合すると、陽明学者で歴代首相の『師』と呼ばれた故安岡正篤氏が深くかかわっていたこと、『平成』という案は竹下内閣発足前から政府が持っていた案の一つにあったこと――などの事実が浮かび上がってくる」

この二つの新聞の記事を重ね合わせると、安岡正篤先生の平成元号案は、福田内閣の時代から内閣審議室の金庫に保管されていたことがわかる。「時時刻刻」の記述はさらに続いている。

「安岡氏は八三年十二月、八十五歳で亡くなった。政府は『元号は縁起物』『考案者への正式な委嘱は天皇が亡くなられた後に行う』などの理由で、物故者が作っていた案は使わない、という立場を取ってきた。とすれば、安岡氏が仮に『平成』案を出していたとしても、死亡した時点で、その案は消えるはずだ。（中略）政府関係者は『物故者の案は使わないというのは、あくまで建前』『物故者の案であっても、別の生存者が、たまたま同じものを出してくれれば問題はない』とも。聞きようによっては、生存している別の考案者が、安岡氏の『平成』案を再び出したのではないか、との推測もできる」

「平成」改元から一年経った一九九〇年（平成二年）一月一七日、政権の座を降りていた竹下登氏は、兵庫県出石郡出石町での講演会で次のように語った。

「安岡先生を始め、多くの学者の方に元号の候補を作っていただき封をして官房長官の金庫にしまっておいた……その中から平成という元号を選ばせていただいた」

首相という肩書のなくなった気安さからであろうか。竹下氏は、複数の元号考案者の中から

安岡先生

という具体名に言及した。ズバリ

竹下氏は、平成を本命視していた。

その後もマスコミは、「平成」の元号考案者を追い続けている。

Ⅳ　『東京新聞』のスクープ

一九九五年（平成七）の大晦日、『東京新聞』が一面トップで大スクープを報じた。

> 元号「平成」の考案者
> **陽明学者の故安岡氏**
> 歴代首相の指南役七九年、政府に提出
> 死後、山本氏が再び提出

『東京新聞』の記事は、次の書き出しで始まっている。

「昭和天皇の逝去に伴い改元された現在の元号『平成』は、一九七九年（昭和五十四年）に陽明学者の故安岡正篤氏が考案し政府に提出したが、安岡氏の死後、山本達郎東大名誉教授が再提出し、最終的に新元号に決定されたことが三十日、明らかになった。直接的にかかわった複数の関係者によると、政府は早くから『平成』を最有力案としていたが、故人の案を採用した形を避けるためこうした経過をたどったという。政府は初めて現憲法と元号法に基づき『平成』を決定したが、考案者などを一切明らかにしていない。関係者は元号として定着したこともあり、歴史の新事実について証言した。」

一九七九年（昭和五四）の元号法成立以来、政府は、東洋・中国の歴史・文学の専門家に新元号の考案を委嘱、物故者が出ると、新たに考案者を追加して数名の考案者を確保してきた。八三年（昭和五八）には安岡先生が逝去され、翌年貝塚茂樹・京大名誉教授が追加された。その貝塚氏も八七年（昭和六二）死去した。物故者の案は不採用となるのが本来である。しかし、安岡先生の平成案は残された。『東京新聞』には次のように記されている。

「政府は内々、①改元の手続きは正式には天皇の死後の着手が適切②国民の印象や縁起上も問題がある―として、昭和天皇逝去以前に死去した学者の元号案について不採用の立場をとっていた。しかし、安岡氏が歴代の自民党内閣の首相に『指南役』として信任が厚かったこともあり、平成だけは事実上、最有力案として残された」

平成だけは事実上、最有力案として残された。

ここがポイントである。

一九八七年（昭和六二）九月には昭和天皇が腸の手術を受けられ、改元の準備も緊急性を帯びてきた。政府は山本達郎・東大名誉教授と目加田誠・九州大教授らに新元号の考案を再委嘱。山本氏が「平成」、目加田氏が「修文」などを提出した。

『東京新聞』の内容を時系列でみると、安岡先生の「平成」が最終案として残されたのは、山本氏による「平成」案の提出に先立っている。それではなぜ、山本氏は「平成案」を提出したのか。『東京新聞』には

「山本氏が再提出をした詳しい経緯については、関係者も口を閉ざしている。」

と記されている。この間の事情については今後の資料の公開が待たれる。

〝安岡正篤先生は「平成」の考案者〟と報じた『東京新聞』の記事は、埼玉県比企郡嵐山町にある安岡正篤記念館に展示されている。ここを訪れた人はだれもこの資料の前で足を止め、食い入るように目を凝らしている。安岡正篤記念館は、安岡先生が三四歳の時（一九三一年、昭和六）、将来の有為な人材を育成するため、菅谷之荘に日本農士学校を開校された地にある。内部には、安岡先生の生涯の履歴や関連資料が多数展示されている。その中で訪問者の目をひくのが、

①『東京新聞』のスクープ記事
②ポツダム宣言を受諾した昭和天皇の終戦詔書に安岡先生が删修された資料

の二つである。（②については本書第三章）。その他、「安岡先生はこんなに多くの偉大な仕事をされていたのか」と感銘を受ける資料もいくつか発見することができる。先生の書も展示されている。書斎や図書館も閲覧することができる。先生は、米軍による東京空襲で厖大な蔵書を失われたが、現在の書籍を一覧するだけでも、先生の学問の広さや奥行きの深さに驚嘆する。安岡先

生は、その豊かな学問の蘊蓄と学識の中から「平成」の元号を考案された。

第三章　終戦詔書に込められた　安岡正篤先生の天皇像

Ⅰ　八月一〇日の御前会議：天皇の第一回御聖断

一九四五年（昭和二〇）八月六日、広島に原爆が投下され、八日にはソ連が日ソ不可侵条約を一方的に破棄して対日宣戦布告した。翌九日には、長崎に二発目の原爆が投下されて、日本の敗戦は最早時間の問題となった。

この緊迫した状況の下で、八月九日夜から一〇日未明にかけて「ポツダム宣言受諾」をめぐる御前会議が開かれた。会議では、天皇の統治大権、即ち国体護持を条件に受諾すべきという東郷茂徳外相らの意見と、国体護持のほか、自主的武装解除など四条件が認められない限り徹底抗戦すべしとする阿南惟幾《これちか》陸相らの意見が対立し、鈴木貫太郎首相は最終判断を天皇に求めた。これに対して天皇は、外相案に賛成の上、次のように降伏の意志を示された。

「本土決戦本土決戦と云ふけれど、一番大事な九十九里浜の防備も出来て居らず、又決戦師団の武装すら不充分にて、之が充実は九月中旬以後となると云ふ。飛行機の増産も思ふ様には行つて居らない。いつも計画と実行とは伴はない。之でどうして戦争に勝つことが出来るか。勿論、忠勇なる軍隊の武装解除や戦争責任者の処罰等、其等の者は忠誠を尽した人々で、それを思ふと実に忍び難いものがある。而し今日は忍び難きを忍ばねばならぬ時と思ふ。明治天皇の三国干渉の際の御心持を偲《しの》び奉り、自分は涙をのんで外相案に賛成する『木戸幸一日記』」（出所：『天皇語録』由利静夫・東邦彦編、一九七四年、講談社）（二一六）

この御前会議を受けて、八月一〇日午前三時から第一回終戦会議が開かれ

国体護持を条件とするポツダム宣言受諾

の方針が決まった。それは、スイス・スウェーデンの中立国を介して連合国側に伝えられた。迫水久常内閣書記官長は、直ちに天皇の終戦詔書案の作成に着手した。その過程は「終戦詔書成

立過程」（第二表）に示してあるが、茶園義男氏は、『密室の終戦詔勅』の中で、迫水久常氏の『機関銃下の首相官邸』から次の文章を引用している。

「私は、十日未明、御前会議が終って終戦の方向がきまったので、当然の職責と考え其の夜から詔書の原案の起草にかかった。当時の詔勅の形式は漢文体であったから、通常の場合なら、要旨をきめてそのほうの専門家に起草を頼むのが慣例であったが、ことは極秘を要することであり、なんびとにも相談ができないことなので、私は再度の御前会議における天皇陛下のお言葉をそのまま漢文体の文章に綴ることとして自分で原案を起草する決心をしたのであった。（中略）十日、十一日、十二日の三晩ほとんど徹夜して、何枚も原稿用紙を破りすてながら、ときには、涙で原稿用紙を濡らしながら、どうやら形を作り上げた。手伝ってくれたのは、一高以来の親友小川一平君（現後楽園副社長）と内閣嘱託の木原通雄君（故人）実弟の迫水久良（既に故人となっている）および大東亜次官田尻愛義君であった。」（出所：『密室の終戦詔勅』茶園義男、一九八九年、雄松堂出版）（四二）

ここで迫水氏が、「十日、十一日、十二日の三晩ほとんど徹夜して…どうやら形を作り上げ

た」というのは、「終戦詔書案関係文書」（第一表）に示している三つの案、即ち

迫水内閣書記官長第一案
迫水内閣書記官長第二案
迫水内閣書記官長第三案

のことである。この記述を読むと、書記官長案は迫水氏が三日間の徹夜作業で作成されたように見えてくるが、事実は違っている。（後述）。それにしても迫水氏は、不安でならなかったようである。氏は、安岡正篤先生と内閣嘱託川田瑞穂氏を首相官邸に招き原案を見てもらった。

「しかし、私は不安でたまらない。聞くところによると、宣戦の詔勅には漢文の文法上重大な誤りがあったという。私は遂に決心して、十三日深夜その方面の内閣嘱託川田瑞穂先生と私が師事している安岡正篤先生を、首相官邸においでを願い、極秘とすることを誓っていただいてから、私の原案を見ていただいた。その結果加除訂正がなされて文章はいっそう立派なものになった。」（前出『密室の終戦詔勅』）（四二）

安岡先生は、迫水内閣書記官長第三案を加除訂正された。この過程から、安岡先生の天皇論を読み取ることができるのである。終戦詔書の作成過程は、わずか六日間のことであるが、草案から正式閣議案決定までの経緯が複雑な為、第一表「終戦詔書案関係文書」と第二表「終戦詔書成立過程」に整理してある。内容と照らし合わせながら読んでいただきたい。

（第一表）終戦詔書案関係文書

①川田瑞穂草案
②迫水内閣書記官長第一案
③　同　　第二案
④　同　　第三案
⑤閣議提出用詔書第一案―ガリ版
⑥　同　　第二案―ガリ版
⑦終戦詔書・正式閣議案

（第二表） 終戦詔書成立過程： 昭和二〇年（一九四五年八月）

日	時刻	会議内容	成立過程
一〇日（金）	三：〇〇	御前会議（天皇第一回御聖断） 第一回終戦閣議 （条件つき受諾に決す）	
	六：四五	東郷外相、スイス・スウェーデン両公使に第一電	
	九：〇〇	同英文電報発信	
	一四：〇〇	閣議	迫水久常内閣書記官長・終戦詔書案作成に着手
	一六：三〇		草案を川田瑞穂（内閣嘱託）に依頼
一一日（土）			・川田瑞穂草案提出

			・(同案を基底にして)迫水内閣書記官長第一案成る ・(政府関係者・知友を秘かに招いて)書記官長第二案成る
一二日(日)	〇:四五 一二:〇〇 一五:〇〇	連合国側回答 ・閣議、連合国回答をめぐり論争(~一七:三〇) ・皇室会議(天皇、皇族を召し終戦意図表明)(一五:〇〇~一八:三〇)	・(更に加筆修正して)書記官長第三案成る ・安岡正篤(大東亜省顧問)刪修 ・迫水原案成る ・外務省意見(メモ)提出

一三日（月）	一六：〇〇	第二回終戦閣議	閣議提出用詔書第一案——ガリ版完成
	一九：三〇	（無条件降伏では決定せず）	
一四日（火）	一〇：〇〇	元帥会議	上記ガリ版大幅に訂正（安岡顧問刪修）
	一一：〇〇	御前会議（天皇第二回御聖断）	
	一三：〇〇	第三回終戦閣議	閣議提出用詔書第二案——ガリ版完成
			（大幅修正）
	一八：〇〇	天皇ご署名用の原本浄書	書記官長、詔書案を清書
	一九：〇〇	玉音録音用浄書	
		閣議文書	
		官報・新聞用タイプ	
	二〇：〇〇	首相奉呈	
		天皇ご署名	
	二一：〇〇		
	二三：〇〇	玉音録音	

	二三：〇〇	詔書渙発
一五日（水）	七：〇〇	NHK、重大放送の旨報道
	一二：〇〇	玉音放送

（出所：第一表、第二表とも前出『密室の終戦詔勅』から作成）

Ⅱ　安岡先生による八月一二日の刪修について

安岡先生は、八月一二日と八月一四日の二度、終戦詔書草案の刪修をされている。刪修とは字句を訂正・削除すること、つまり終戦詔書草案の字句を訂正・削除されたわけである。実に歴史的なお仕事であった。

八月一〇日、日本政府が国体護持を条件にポツダム宣言受諾を連合国側に通告したのに対し、一二日午前零時四五分、連合国側の回答が届いた。その中には、

「日本政府の形態は日本国民の自由意思によって決められるべきである」

との一文があった。同日一五時から開かれた閣議では、この連合国回答をめぐり論争が行われた。軍部は共和制につながるものとしてこれに強く反対したのに対し、天皇からは次のご意向が示された。

「たとい連合国が天皇統治を認めてきても、人民が離反したのではしようがない。人民の自由意思によって決めてもらって、少しも差しつかえない」（二一六～二一七）

（前出『天皇語録』）

このように事態が急展開する中で、大東亜省顧問・安岡正篤先生は、迫水久常内閣書記官長が作成した終戦詔書草案に八月一二日と八月一四日の二度にわたって刪修され、天皇の終戦詔書作成に極めて重要な役割を果たされた。

先生による終戦詔書案の刪修については、事が事であるだけに、その真相をめぐってさまざまな憶測が生じ、新聞・雑誌にもいくつかの記事が掲載されてきた。

その中で真実に迫っている貴重な記録は、一九八一年（昭和五六）一一月二〇日、約一時間二〇分にわたって行われた安岡正篤先生と秘書役の林繁之氏、茶園義男氏（国立阿南工業高専教授）の対談録音テープである。テープは公益財団法人郷学研修所・安岡正篤記念館に保管されている。

茶園氏はまず安岡先生の前に、迫水内閣書記官長第三案を提示している。〈　〉印は相手側の相づち、林は先生の秘書役、林繁之氏である。表記については、茶園氏の『密室の終戦詔勅』を使わせて頂いた。以下、「終戦詔書案関係文書」「終戦詔書成立過程」をあわせ参照すると理解し易い。

茶園　第三案ですけど──。

安岡　ああ、そうですか、迫水が…率直に思い出してみると、迫水さんが持て余して〈そうでしょうネ……〉机に突っ伏して、まァ率直に言って、泣いておった〈そうですか…〉いわゆる慟哭ですネー、慟哭しておった、でァノ総理の鈴木さんが見てやってくれと〈はァ、はァ、はァ〉、わたし一寸、顧問をしておったものですからネ、

内閣大東亜省の――。それでとんで…総理の部屋から廻ったらナルホド、先生原稿を前にして、マァ率直に言うて慟哭…。(七一)

安岡　いわゆる慟哭しておったんですネ〈そうですネ〉。そんなことじゃいかんじゃないかと云うので、エエ、私が原稿をひったくって、詔勅を読んだら、いかにもどうも、四分五裂、支離滅裂と云いますかネ、どうにもならんので、貸せッと云って…率直に云うと其の場で〈エエ、エエ〉、つまり荒削りをやったんで――マァ、こんなことを云うと、詔勅の権威に反しますから、一切発表しませんけれども――しなかったんですが、ずい分マァ今ごろ新聞雑誌が…。(七二)

迫水氏は〝慟哭していた〟、草案は〝四分五裂、支離滅裂であった〟と記されている。先生とは、迫水久常元衆院議員のことである。迫水氏(一九〇二~七七、明治三五~昭和五二)は、鈴木貫太郎内閣の書記官長として、終戦詔書作成を取りしきった。戦後衆院議員となり、第一次池田内閣で経済企画庁長官、第二次池田内閣で郵政大臣となった。

安岡先生は、さらに次のように語られている。

それで、わたしがマァ何とか読めるまでに直して—そして、あくまでも天皇に対してすまんので、何とか日本の長い皇統、伝統を背おっておられる天皇を、この時にあって後世に恥を残されるようなことがあっては、もったいない相すまんと云うので、何とかそのモウ天皇の権威をネ〈ハイ〉後世にさすがと云われるようなものを残さなければ、〈ハイ〉それを鈴木総理も大変悩んで…〈ハイ〉。（七三）

安岡先生が、どういう姿勢で詔書の刪修に取り組まれていたかがここにはっきり示されている。ここには又、先生の皇統と天皇に対する尊崇の念が明快に表現されている。

安岡先生は、鈴木貫太郎首相から「見てやってくれ」と云われて、首相官邸の書記官室で詔書草案の刪修に当った。いかに鈴木首相の信頼が厚かったたか、が読み取れる。

安岡・林・茶園氏の三者対談録音テープには、さらに具体的内容が記録されている。これを見ると、安岡先生が、終戦詔書作成に極めて重要な役割を果たされていたことが、手に取るようにわかる。

茶園　大分こう削除されておりますネ。第一案、第二案と見て来ますと…。

林　アノ、第三案中のこれですがネ〈はい…茶園氏〉先生の最後に出ているのは、ソノ〝太平ヲ開カント欲ス〟とか〈えェ、えェ、えェ…茶園氏〉、あるいは〝五内為ニ裂ク〟と言うのがございますがネ、〈ハイ、ハイ、ハイ…茶園氏〉…。これこう見ますとネ、先生の字で直されたものがうんとあるんですよネ。

安岡　ウン、ウン…。

茶園　それは沢山直されて…。

林　これはもう、みんな先生の字ですワ。これ…そうでしょう。（七七）

三氏の間で、安岡先生が迫水案を修正された箇所の確認が行われ、具体的に列挙されている。

林　これはですネ。

茶園　まァ、先生のお手だと…。

林　〝主権ヲ排シ〟も先生の字ですネ〈うン、うン、うン…先生〉、〝勇戦〟もそうだろうと思うんですネ〈ウン、ゥン、ゥン…先生〉〃次第ニ不利ニ陥リ〃とこうきて〃悉ク我ニ非トナル〃―これも先生ですネ〈えェ、えェ、えェ…先生〉〃為《な》ルニ至ル〃ですナ。それから〈〃兵器ヲ使用シ〃…茶園氏〉〃兵器ヲ使用シ〃何とか終って、エー〃滅亡ヲ将来スル〃〈〃ノミナラズ〃…茶園氏〉ゥン〃何ヲ以テカ皇祖皇宗ノ神霊ニ謝センヤ〃〈はい…茶園氏〉…みんな先生の字…。

茶園　〃是《かく》ノ如クンバ〃もそうですネ。そしてここにもありましょう。もう先生、ずっともう〃億兆ノセイシヲ〈〃セキシ〃…林氏〉保シ〃ですネ。

林　そうですネ。エーこうきて〃非ズ〃と…。

茶園　〃実ニ感愧《かんき》ニ堪ヘズ〃……これは詔書からはのきましたけど…〃感愧ニ堪ヘズ〃〈えェ、えェ、えェ…先生〉。

林　それから―。

茶園　〃義命ノ存スル所〃―〃万世ノ為ニ太平ヲ開カント欲ス〃―。

林　〃大道ヲ誤リ〃とかネ（ウン、ゥン、ゥン…先生）、これはみんなそうですからネ。

安岡　うん、アァ、そうかネ。

茶園　先生、アノ〈相当の…林氏〉お手であれば、私はもう、お認めいただければ、私は非常に有難い。

林　これは先生の字ですヨ。（七八）

茶園氏は『密室の終戦詔勅』を執筆するに当って、安岡先生が果たされた役割を先生から直接確認したかった。そのため茶園氏は、インタビューの中で、修正部分が「先生の字」であることを繰り返し繰り返し確かめたのである。傍線部分が、茶園氏の意図を明確に物語っている。林秘書役が、ダメ押しとも云える一言を発している。

これは先生の字ですヨ

先生ご自身と林氏が一字一字確認されているので、これほど確かなことはない。

Ⅲ「義命ノ存スル所」について

安岡・林・茶園三者対談録音テープには、迫水内閣書記官長案の刪修に当って、安岡先生が特に留意されていた二つの言葉について、詳しい説明がある。

一つは、「義命ノ存スル所」、もう一つは「万世ノ為ニ太平ヲ開カント欲ス」である。

義命ノ存スル所

この言葉は、安岡先生が詔書草案の内容で最も重視されていたものである。ところが最終的には詔書から削られて

時運ノ趨ク所

に代わってしまった。先生はこれを非常に悔やんでおられた。

この事情について、三者対談では次のように語られている。

茶園　うェ、そうですネ、もう間違いございませんネ。で、マア、先ほど申し上げました

ように、〝五内為ニ裂ク〟と、〝義命ノ存スル所〟と〝万世ノ為ニ太平ヲ開カント欲ス〟〈えエ、えエ、えエ…先生〉と云うところは、私も非常に感銘を受けて〈えエ、えエ、えエ…先生〉おりまして、どうしても…先生、何かにご発言になっておられましたが、やっぱり〝時運ノ趨ク所〟では、戦後の日本は確定しないと〈えエ…先生〉、アノ、要するに〝義命ノ存スル所〟であると云うことをおっしゃっていますが…。

安岡　えエ、あれが一番大事なところ―。

茶園　えエ、私も一番大事なところだと思います。

安岡　〝時運〟なんて、なり行きまかせと云うこと…。

茶園　そういうことでございますネ。

安岡　それじゃ、天子として…天皇としての権威がないように〈はい…茶園氏〉、だから〝時運ノ趨ク所〟がソノいかにもある……天皇がこれが正義であるとお考えになったところが、これが天皇の行動ですからネ、それでやかましく云って〝義命ノ存スル所〟―いろいろ議論があったけれどもネ〈はい…茶園氏〉……。（七九）

天皇がこれが正義であるとお考えになったところが天皇の行動である

これは余人の考え及ばぬところで、ここに先生の天皇観・大東亜戦争観が明確に示されている。

「義」とは、道理、物事の理にかなっていること、人間の行なうべきすじみちのことである。五常という言葉がある。これは、仁・義・礼・智・信のことで、儒教において人の常に守るべき道徳とされている。安岡先生も、仁と義を人間の踏み行うべき徳目としていつも説かれていた。

「義」にはまた、利害を捨てて、義に従って国家・社会・人のために尽くすという意味がある。『論語』には「義を見てせざるは勇無きなり」という言葉がある。義士とは義命に従って行動する人物、義挙とは義命に従って起こす行動である。

安岡先生は、『日本精神の研究』の中の大鹽中齋論において、大鹽中齋を「学問と義憤」の人と喝破され、大鹽中齋の軍を「義軍」とされている。先生の大鹽中齋に対する評価は、他の歴史家とは全く異なっている。（本著、第五章参照）

安岡先生はまた、『日本精神の研究』において「義」について随所で言及しておられる。

Ⅳ 「万世ノ為ニ太平ヲ開カント欲ス」について

万世ノ為ニ太平ヲ開カント欲ス

これも、安岡先生が「もう一つの大事なところ」と言われていた言葉である。対談を引き続き引用してみる。

茶園　もう、私は〝義命ノ存スル所〟がですネ。そして〝万世ノ為ニ太平ヲ開カント欲ス〟と云うところがですネ〈はい、はい…先生〉、もう、戦後の日本を決めたものと思われますので、アノ是非ですネ…。

安岡　あれでいかなければ、日本の天皇の詔勅にならん。それでネ、その〝万世ノ為ニ太平ヲ開ク〟がネ、そんな大きなことを云う（笑）……。

茶園　いや、もう今もそれは達見ですネ。

安岡　閣僚連中が、みんなネ〈はい…先生〉反対したそうです〈はァ、そうですか、それは…茶園氏〉、それからネ〈はい…茶園氏〉〝義命ノ存スル所〟〈はい、はい…茶園氏〉、難しくて判らんと云うことも云うた〈はい、はい、はい…茶園氏〉マァ、迫水君は困っとったですがネ。それでソノわたしは率直に云うと、迫水君を叱りとばした、閣僚なんたって、わたしから率直に言えば、皆無学なやからでネ（笑）、何云うかってネ〈はい、はい、はい…茶園氏〉、それでネ皆シュンとなって、（中略）……。

茶園　アレ、はじめはですネ、〝爾臣民ノ協翼ヲ得テ永ク社稷ヲ保衛セント欲ス〟とありましたですネ。これではもう…ですネ〝万世ノ為ニ太平ヲ開カント欲ス〟…。

安岡　これに一番反対があったですネ。

茶園　ア、そうですか。しかし、これ何ですネ、よくマァ詔書に残ったものでございますネ、ほォー。

安岡　戦さに負けて、降伏するのにネ。負けたちゅうことは一言も云わないで、ソノ挙句の果てに〝万世ノ為ニ太平ヲ開ク〟なんて、とてつもない大ぼらを吹いて、こりゃどうもと云って、閣僚の中に大分言うたものがある……松阪司法大臣が、白状して言いよったですがネ。

茶園　ああ、そうですか、〝義命ノ存スル所〟ですネ。〝堪へ難キヲ堪へ、忍ビ難キヲ忍ビ万世ノ為ニ太平ヲ開カント欲ス〟〈えェ、えェ…先生〉、これ〝義命ノ存スル所〟が残っておりましたらネ〈えェ…先生〉もう、そりゃ実にあれでございますけれども……私ここの所をぜひ記念にと思っているわけでございます。（八〇〜八一）

ここで安岡先生は

「あれでいかなければ、日本の天皇の詔勅にならん」

と言っておられる。即ち「義命ノ存スル所」と「万世ノ為ニ太平ヲ開カント欲ス」がなければ「日本の天皇の詔勅」にならない、というのである。この「日本の天皇の詔勅」という言葉に注目して欲しい。先生は、天皇のご人格・ご天徳、皇統の伝統と歴史的使命を念頭に置かれた上で、詔勅の刪修に当られたのである。

義命ノ存スル所／万世ノ為ニ太平ヲ開カント欲ス

この二つの言葉が入ることによって、終戦の詔勅がまさに

天皇の詔勅になる

と考えておられたのである。我々は、この奥深い意味を汲み取らなければならない。

先の迫水内閣書記官長第一～二案は、漢学者で当時内閣嘱託の川田瑞穂早稲田大学教授が作成した草案をほゞ丸写ししたものであった。謂わば「学者の草案」であった。これが安岡先生の刪修（八月一二日と八月一四日）によって「天皇の詔勅」に変わったのである。

この「万世ノ為ニ太平ヲ開カント欲ス」について、迫水氏は、著書の中で次のように記している。

「殊に安岡先生は、私が「永遠の平和を確保せんことを期す」と書いていた部分について「この部分に、極めて適切にあてはまると思うが、支那の宋の末期の学者張横渠の文章のなかに『天地のために心を立て、生民のために道を立て、往聖のために絶学を継ぎ、万世のために太平を開く』という言葉があるから、この万世のために太平を開くという言葉

をそのままお使いなさい」といわれた。私は、御前会議において陛下のご決心をうけたまわった際、今後日本は永久に平和な国として再建せられることを念じておられると感じたのであったから、まことに、適切なことであると考えて、直ちにこれにしたがったのであったが、この一句が、終戦詔書の眼目となったわけである。」（四二）

迫水氏は、安岡先生から「万世ノ為ニ太平ヲ開カント欲ス」という言葉を聞いた時、御前会議における陛下のご決心はこれだ、と思い当ったようである。

Ⅴ　安岡先生による八月一四日の刪修について

安岡先生による八月一二日の刪修を経て、一三日には「閣議提出用詔書第一案—ガリ版」が完成する。翌八月一四日、安岡先生は、さらに第二回の刪修をされている。玉音放送の前日である。問題は、「閣議提出用詔書第一案—ガリ版」においては、安岡先生が一番大事とされていた「義命ノ存スル所」が削除され、「時運ノ趨ク所」に代えられていたことである。安岡先生の無念の胸中が察せられる。

安岡先生による第二回の刪修を経て「閣議提出用詔書第二案―ガリ版」が完成、書記官長が詔書案を清書して、複写により四通の詔書が作成された。この内一通は、天皇による御署名用、一通は玉音放送用、一通は閣議文書用、もう一通は官報・新聞用であった。（第二表）

他方、一四日には、日本の歴史を決定づける会議が開かれた。午前一一時からの御前会議である。会議では、連合国の一二日の回答をめぐって議論が分かれ、阿南惟幾陸相と梅津美治郎陸軍参謀総長、豊田副武海軍軍令部総長の三人が重ねて終戦に反対の意向を示した。これに対して天皇は次のようなお考えを述べられ、終戦の最終的決断を下された。長くなるが引用する。

「外に別段意見の発言がなければ私の考えを述べる。反対論の意見はそれぞれよく聞いたが、私の考えはこの前申したことに変りはない。私は世界の現状と国内の事情とを十分検討した結果、これ以上戦争を継《つ》けることは無理だと考える。国体問題についていろいろ疑義があるとのことであるが、私は此の回答文の文意を通じて、先方は相当好意を持っているものと解釈する。先方の態度に一抹《まつ》の不安があるというのも一応はもっともだが、私はそう疑いたくない。要は我が国民全体の信念と覚悟の問題であると思うから、この際先方の申入れを受諾してよろしいと考える、どうか皆もそう考えて貰いたい。さらに陸海軍の将兵にとって武装の解除なり保障占領というようなことはまことに堪え難いことで、その心持は私にはよくわかる。しかし自分はいかになろうとも、万民の生命を助けたい。この上戦争を続けては結局我が邦《くに》がまったく焦土となり、万民にこれ以上苦悩を嘗《な》めさせることは私としてじつに忍び難い。祖宗の霊にお応えできない。和平の手段によるとしても、素《もと》より先方の遣《や》り方に全幅の信頼を措《お》き難いのは当然であるが、日本がまったく無くなるという結果にくらべて、少しでも種子が残りさえすればさらにまた復興という光明も考えられる。私は明治大帝が涙をのんで思い切られたる三国干渉当時の御苦衷をしのび、この際耐え難きを耐え、忍び難きを忍び、一致協力将来の回復に立ち直りたいと思う。今日まで戦場に在って陣歿し、或は殉職して非命に斃《たお》れた者、またその遺族を思うときは悲嘆に堪えぬ次第である。また戦傷を負い戦災をこうむり、家業を失いたる者の生活に至りては私の深く心配する所である。この際私としてなすべきことがあれば何でもいとわない。国民に呼びかけることがよければ私はいつでもマイクの前にも立つ。一般国民には今まで何も知らせずにいたのであるから、突然この決定を聞く場合動揺も甚しかろう。陸海軍将兵にはさらに動揺も大きいであろう。この気持ちをなだめることは相当困難なことであろうが、どうか私の心持をよく理解して陸海軍大臣は共に努力し、よく治まるようにして貰いたい。必要あらば自分が親しく説き諭《さと》してもかまわない。この際詔書を出す必要もあろうから、政府はさっそくその起案をしてもらいたい。以上は私の考えである。」（前出『天皇語録』）（二一九〜二二〇）

これは、短い期間に熟慮に熟慮を重ねられ、慎重の上にも慎重にお言葉を選びぬかれてのご意向であった、と拝察する。

天皇は、陸海軍の将兵と殉職者、遺族に悲嘆の念を表しておられる。

万民の生活に対するご心配のお気持ちも格別である。

自分はいかになろうとも、万民の生命を守りたい。

ここには天皇の「仁」と「勇」の天徳が如実に示されている。安岡先生が説かれている天皇の天徳である。

さらに天皇は、これから訪れる国民と国家の苦難を踏まえて、次のようにご決意を語られている。

私は明治大帝が涙をのんで思い切られたる三国干渉当時の御苦衷を偲び、この際耐え難きを耐え、忍び難きを忍び、一致協力将来の回復に立ち直りたいと思う。

これは、安岡先生が「終戦詔書」に入れられた「万世ノ為ニ太平ヲ開カント欲ス」に通じる精神である。

翌八月一五日正午、「玉音放送」が全国民に向けて発せられた。しかしながら、そこに「義命ノ存スル所」の言葉はなかった。安岡先生は、どういう想いで玉音放送を聞かれたであろうか。それを示す文書が残されていないのは残念である。

Ⅵ　終戦の詔勅についての安岡先生による講話

これまで、終戦の詔勅の删修について、安岡正篤先生の果たされた役割を説明してきた。

本件については、戦後さまざまな憶測がなされ、先生に対しても多方面からさまざまな問いあわせがあったようであるが、先生は頑として応じられなかった。先生が自ら固い口を開かれたのは、昭和三七年（一九六二年）一月一七日の郵政省会議室でのご講話である。これは、ご自身の言葉として貴重である。

（出所：『安岡正篤と終戦の詔勅　戦後日本人が持つべき矜持とは』関西師友会編、二〇一六年、ＰＨＰ研究所）

（一）日本天皇・日本皇道のため!!

安岡先生はその冒頭で終戦の詔勅の刪修に「心血を注いだ」と自ら語られている。

「その詔勅、これは、私が本当に心血を注いで作成の任にあたった。そのうち特に、細かいことはもう言いませんが、私がぎりぎり決着、二つ大きなことを考えた。そのひとつは、日本歴史開闢以来、初めての屈辱の詔勅を、お気の毒にも現天皇がお出しにならねばならない、これは永遠の歴史に残ることであるから、まいった、降参したという悲鳴に相当する勅語は絶対に避けたい。それよりも後世の歴史家が、戦に負けて降参する奴が、さりとは大ぼらを吹いたものだとあきれるような言葉を、さりげなく、学問上の、それもだいたい中国に負けたのであるから、中国の古典に則って中国人自らが腹を立てるよりも、逆さまに驚嘆するような言葉を入れたいというとんでもない野心、野心と言っては言葉が悪いな、日本天皇、日本皇道のために、これを考えた。それから、もうひとつは、戦い敗れ刀折れ力尽きて、屈服する降参するのではないと。勝とうが負けようが勝敗は兵家の常ということが幸い孫子の中にもあるので、勝った負けたというのは歴史的に極めて一時的なものだ。そんなことは問題ではない。日本が降伏するのは勝敗の問題ではない、もっと高い道徳的立場からこうするのだ。」（五二）

我々日本人が、安岡先生の言葉として後世に伝えるべきは、ここに記されている次の三つの言葉である。

> 後世の歴史家が、戦に負けて降参する奴が、さりとは大ぼらを吹いたものだとあきれるような言葉
> 中国人自らが驚嘆するような言葉
> 日本が降伏するのは勝敗の問題ではない、もっと高い道徳的立場からなのだ

このように確信をもって主張できる日本人は、安岡正篤先生を措いて外に居なかったと云って良いであろう。先生の想いは、

日本天皇、日本皇道

に向けられている。さらに先生の目は

永遠の歴史／後世の歴史家

に向けられている。

(二) 二つの言葉

以下は、構成、内容ともにこれまでの記述と重複しているが、先生ご自身の語られたものなので、敢えて記すことにした。

①萬世の為に太平を開く

安岡先生が、終戦詔書の中で特に明確にしておこうとされたのが、次の二つの言葉である。

萬世の為に太平を開く／義命の存するところ

先生は次のように語られている。

「この二点だけは明確にしておこうということを考えて、非常に苦心して捻出、文字通り捻出したのが、あの『萬世の為に太平を開く』。これは張横渠という、中国の人ならば、学者なら誰知らぬ者はいない宋代の哲人、朱子や陽明の大先輩でありまするが、この人の作った四つの格言がある。」（五二～五三）

その四つの格言を記すと

天地の為に心を立て／生民の為に命を立て／後世の為に絶学を継ぎ／萬世の為に太平を開く

先生はこの張横渠の格言「萬世の為に太平を開かんと欲す」を終戦の詔書の柱に据えられた。

「雄大な、深淵な思想だと。戦に負けて、実は降伏するのであるが、日本天皇には降伏と言わず、『萬世の為に太平を開かんと欲す』という言葉を入れる。これで初めて、世界の歴史に日本というものがともなって、日本の天皇というのはどえらいことを言うものだなと感服するやつがでてくる。」（五四～五五）

先生の天皇に対する尊崇の念がひしひしと伝わってくる。

②義命

次に「義命」である。先生の断固たる姿勢、気迫がひしひしと伝わってくる。

「それと、負けるのは戦に負けたら降参するんじゃないんだと。勝とうが負けようが、どっちにしても信義に基づいてやめるんだと、これを道義の至上命令と言って、『義命』

という言葉がある。義命の存するところ、これで戦をやめると。このふたつは詔勅の中の二本の柱だと。閣議でどんな議論が出ようとも、この二つの言葉だけは絶対に変更してはならん。もしそうするならば初めから作りなおせ、俺は知らん、関与せんと言ってこれを内閣に返してやったら、閣僚どもが、戦に負けて降参するのにこれはなんということだろうかと言って、みんな驚いて、やめようじゃないかと言うたが、迫水書記官長が、やめたら安岡が承知せんと、もう一遍だれかに作り直させいと言ってもそんな余裕も時間もないと。」（五五）

この二つの言葉だけは絶対に変更してはならん
もしそうするならば初めから作りなおせ、俺は知らん

終戦の詔勅に対する先生の信念がこの二つの言葉に示されている。

先生の講義はさらにボルテージが上がってゆく。

「その次に、この『義命』という言葉は聞いたことがないと。おのれ達の無学を棚に上げて、自分が知らんから人も知らんと思っている。学問上の厳粛な言葉を捨てようとしたらしい。そこで迫水氏が、非常にがんばったと称するんだが、どうだかわからんが、ともかくそういうのならばどっちかひとつ、それには『義命』なんて言葉は俺たちは知らんから、こんなものは捨てようと。えらい大ぼらを吹くようだけれど、そんなに言うのならこれは仰せに従おうじゃないかということでこれは入れたらしいんだ。後になって聞いたのだが。そしていよいよ御放送があって、その直後の新聞に、一斉にこの『萬世の為に太平を開く』というとこだけが、特別の大活字ででかでかとどの新聞にもみな出たものだから、内閣の阿呆どもは皆びっくりして、やっぱり専門家というのは違うものだなと、初めて感心したんだが、情けない。」（五五〜五六）

内閣の阿呆ども

このように罵倒されては閣僚連中も散々であるが、これは、天皇と皇統に対する安岡先生の想いが強かったことの反映である。

③時運の趨く所

安岡先生の講義がこのように激しい口調になってきたのは、先生にとっては誠に無念のことが起きたからだ。玉音放送の終戦の詔勅から「義命の存する所」という言葉が削除され、「時運の趨く所」と変更されていたからである。

「けれども一方のほうは犠牲にして、『時運の趨《おもむ》く所』となっている、『時運の趨く所』というのは、風の吹き回しということだ。風の吹き回しで調子が悪くなったからおじぎをするっていうことだ。それなら、日本の天皇陛下、皇道哲学にはならん。勝とうが負けようが、運我に良かろうが悪しかろうが、そんな問題ではなく、天皇の良心、厳粛なる良心の命令、カントのいわゆるカテゴリッシャー・インペラティーフというやつで戦はやめるんだと、こういうことなんです。」（五六）

「一方のほうは犠牲にして」とは、「義命の存する所」を削ってということである。

安岡先生にとって、終戦とは勝ち負けの問題ではなく、

天皇の良心、厳粛なる良心の命令

なのである。これは先生の天皇論・皇統論から生まれた言葉と云える。

（三）抹殺してもらいたい‼

「『時運の趨く所』なんて言うようでは、日本の国体、天皇というものもわかっておらん。学者としても博識かも知らんが、達識ではない。こう批判するぞということだ、私が後世の学者ならば。だから、これを執ったということは、私にとっては永遠に、この詔勅に私が筆を執ったということは言われたくない、また残したくない、できるならば抹殺してもらいたい、自分を忘れたいと思うくらいだ。」（五七）

言われたくない／残したくない／抹殺してもらいたい／自分を忘れたい

ここに先生のやるせない無念さが表現されている。先生から見ると、戦後の日本は「時運の趨く所」、つまり風の吹き回しで動く国になってしまった。それは終戦の詔勅から「義命の存する所」が削除されたことに起因している、と先生は考えておられた。講演の最後が興味深い。

「終戦後、八月一五日、当時の閣僚が集まって、記念午餐会を開いた。その席に私を招待して、話を聞かせろという。それで初めて私は当時の閣僚連中に終戦の詔勅の話をして、せっかくこの二つ、聞けば二つとも削除しようとしたそうだが、まあこれだけ残して『義命』を削除した。聞けば我々聞いたこともない言葉で、こんなことは国民がわかるはずがないとかいう理由でやめたそうだが、それは学問上から言うなら、極めて普通のことだと。聞いたことがないというのは、それはあなた方が無学だから聞いたことがない、我々には当たり前なんだ、と言ったら、みんなこんなになっておったな。もう、これだけ言うたら胸がすっとしたから、もう二度と再び諸君はもとよりのこと、国民のいかなる者に向かってもこういうことは言わん、と言うて話を終わった。

散会の時にみな、うなだれてしーんとして、面を上げるものも無かったが、閣僚の中からひとり、当時司法大臣をしていた松阪という人が、代表して答礼に立って、これは非常に謹厳な君子人であった。はじめて深々と頭を下げて、『我々無学にして、御志をさらに解せず、まことに取り返しのつかん失態を演じまして、謹んでお詫びいたします』と言って真剣に詫びられて、これは私に詫びられたってしかたがない、陛下にお詫びしなきゃいけない。あんまりいじめるとかわいそうだから、その辺で引き下がったことである。」（五七〜五八）

拝察するに先生は、ここで初めてスッキリされたのではなかろうか。

第四章　安岡正篤先生の大東亜戦争史観と国家論・天皇論

Ⅰ　大東亜の指導国家

安岡正篤先生が、大東亜戦争についてどのような歴史観をもたれていたのか。残念ながらそれを示すまとまった記録や資料は残されていない。本格的研究もこれまで行われていないようである。しかしながら「金雞会例会」におけるご講話を辿ってゆくと、先生の大東亜戦争史観・国家論・天皇論を読み取ることが出来る。興味深いことに、開戦から一九四四年（昭和一九）九月までの期間と、一九四五年（昭和二〇）一月以降では、テーマ・内容ともに大きく変わっている。

安岡先生は、日本軍のハワイ空襲により大東亜戦争の火蓋が切られたまさにその日（昭和

一六年一二月八日)、

「大東亜戦争に当って」

を講じられた。

次いで一二月一五日には、金雞会例会において『近思録』を講じられ、

「徒らに戦勝に酔う事無く大東亜の指導国家に相応しい日本人たるべく切磋、真の日本的教学を興すべし」

と年末の辞を述べられた。ポイントは

大東亜の指導国家/日本人/真の日本的教学

にある。つまり大東亜の指導国家たらんとする理想精神である。日本人としての自覚である。そして真の日本精神を学ぶべく切磋琢磨することである。安岡先生はこの高遇な精神を実現するため、国民が戦勝に酔いしれる中、むしろそれを戒しめ、中国の古典の講義を始められた。

以下、金雞会での講義を内容に従って三つの期間に分け、安岡先生の大東亜戦争史観と国家論・天皇論を解説する。

〈第一期：一九四二年一月～四四年九月〉

まず、一九四二年（昭和一七）一月から四四年（昭和一九）九月までの金雞会例会における講義内容を『安岡正篤先生年譜』（安岡正篤先生年譜編纂委員会、一九九七年、財団法人　郷学研修所安岡正篤記念館）から抜粋・整理してみる。

日	場　所	講　義
一九四二・（昭和一七年）一・一五	金雞会例会	「老子」近代文明の弊を剔抉す
一・二三～二五	近畿・中国地方郷学作興講究会	「大学」
二・六	金雞座談会	「老子」
二・二三～二五	篤農協会主催農村護郷協議会	「管子・荀子五章」「宋の劉恕自訟」
三・四	府県統計職員錬成講習会	「何傷論」「老子」

四・一五	金雞会例会	「時務と名相晏子の人物」「老子」
四・一八〜一九	奈良県郷学作興講究会	「論語（朝聞夕死）人物論」
六・一五	金雞会例会	「従政名言」「老子」
七・四	放送	支那事変五周年「時局の将来と人物の修養」
七・七	興亜政教講座	「易学入門」易は帝王宰相の学なりと
七・一五	金雞会例会	「老子」、『続・経世瑣言』上梓
八・二三〜二七	中央郷学講究会	「孟子」
九・一五	金雞会	「老子」
九・一六〜一〇・一八	中支・台湾・海南島歴訪	王道を講ず 中支各地で盟邦の教育者に対し東亜思想の淵源を講ず
一一・一五	金雞会例会	「老子」
一一・二四〜二八	内閣印刷局職員講習会	眞木和泉の「何傷論」、曽国藩の「子に与う・弟に与う」

一二・一五	金雞会	「老子」終講
一九四三・一・一 （昭和一八年）	読売新聞	「山鹿流政治論」
一・一五	金雞会例会	呂新吾「呻吟語」初講（五回続講）
一・二六	日本農士学校長期講習会 （一・二〇〜二・二〇）	「学問の本道」を講ず
二・二五	金雞会例会	「呻吟語」
三・一五	金雞会例会	「呻吟語」
四・八	知事会議	東洋政治哲学を講ず
五・二四 〜二七	興亜同学会講座	「六韜三略」
六・一五	金雞会例会	「宋名臣言行録抄」初講
八・一五	金雞会例会	「宋名臣言行録」
八・二三 〜二五	中央郷学作興講究会	「徒然草」
一〇・一五	金雞会例会	「宋名臣言行録」

一一・一五	金雞会例会	「宋名臣言行録」
一九四四・(昭和一九年) 一・一五	金雞会例会	「宋名臣言行録」
二・一三	金雞会例会	「忠経」
三・一五	金雞会例会	「宋名臣言行録」
三・二七 〜二八	同人会総会	大塩中斎を講ず
四・一五	金雞会例会	「宋名臣言行録」
六・一五	金雞会例会	『経世瑣言（全）』刊行
七・七	ラジオ放送	「支那の興亡」
七・一五	金雞会例会	「水雲問答」初講
八・一五	金雞会例会	「水雲問答」
九・一		「東洋思想研究乱世心法号」編集。乱世に処する工夫説く。これ実に絶妙の活学なりと。
九・一五	金雞会例会	「水雲問答」

一一・二二 ～一二・一九	（支那各地に巡錫）

開戦直後から一九四四年（昭和一九）九月一五日までの講義の教材を見ると、日本中が戦争に沸いていた熱狂や興奮は微塵も感じられない。開戦当日先生が

徒らに戦勝に酔う事無く

と金雞会会員を戒めていた姿勢が、そのまま貫かれている。私が特筆したいのは、金雞会例会で、下記の中国の古典が連続講じられていたことである。

老子／宋名臣言行録／呻吟語／水雲問答

『大学』『管子・荀子』『論語』『易経』『忠経』などの儒書も講じられていた。さらに眞木和泉の「何傷論」、「山鹿流政治論」、『徒然草』、「大塩中斎」が講じられている。

その中から『老子』『宋名臣言行録』『呻吟語』について若干解説することとする。

Ⅱ『老子』

安岡先生は大東亜戦争開戦後の最初の金雞会例会に於て、何故『老子』を講じられたのか。さらにその後、一年間に八回も講義を継続されている。その真意を示す資料は残されていないが、先生は、現実の戦争や人間の欲望・競争の世界から超越したところから歴史・人間を俯瞰しておられた。それが「老子」の選択にも関係していたものと想像される。先生の『老荘思想』（安岡正篤、一九四六年、明徳出版社）に次の記述がある。

「老荘思想はすべて各人と社會との果てのない迷妄・苦惱・混亂・闘爭・破滅などあらゆる現實の災厄を直視して、その根本的因由を反省し、徹底的解脱による眞に自主自由な自我を確立しようとするものである。春秋戰國以來あらゆる思想を通じて現實主義的傾向が強く、從って道徳や政治の問題が殆んど全部であった中に、老荘家は超然として哲學形而上學的問題にも深遠な思ひを馳せた。彼等は現實の生活問題や小さな社會觀に拘泥することなく、自由に飛躍的存在を體驗し解明した。彼等は人間の現實的存在や意欲がそれほど執着に價する大きな問題ではなくて、それは無限なるものの極めて微小な一部分であり、無邊の暗黒の一閃光に過ぎず、人間社會の千變萬化などをものともせぬ絶大な創造變化が行はれてゐる。それを知りもせず、知らうともせぬ人間の思想や行動の如何に憐れな無意義なものであるかを痛感した。そしてこの絶大な創造變化・絶對的存在に合一することによって眞の自由を得、刹那に永遠を、有限に無限を體得しようとした。」（四二）

安岡先生は、老荘思想を通じて戦争という現実の災厄を直視して、その根本的原因を反省し、徹底的な解脱によって真に自立した自由な自我を確立するよう講じられたのである。

大切なことは、現実的存在や欲望に執着することではなくして、無限なるものの創造変化・絶対的存在との合一によって真の自由を得ることである、と説かれたことである。

それでは、果てしない〝迷妄・苦悩・混乱・闘争・破滅〟は何によって起こるのか。先生によれば、それは、人間にも、社会にも、国家にも「私」があるからだ。「私」がなければ〝戦争〟もなくなる。先生は、「私」がない理想として、常に「嬰兒」を例に挙げられている。

「眞の自由なる者は他がないから私といふものがない。したがって私有とか支配とか虚榮とか抗爭といふやうな一切分別的意識はない。これをむしろわかり易く表現すれば剛に對する『柔』、強に對する『弱』といふことができる。これを最もよく象徴するものは『嬰兒』である。嬰兒は柔弱なものであるが、それを生命の最も乏しいものと思ふのは感覺に欺かれた成人の謬見に過ぎない。嬰兒の持ってゐる本性はかへって生命の直接性・純粋性・本原生・不可分的全體性ともいふべきものであって、成人には容易にわからない溌剌たる創造力を渾然と含んでゐる。純眞な女性母性もこの點において同様である。絶對者――道は偉大なる嬰兒・女性・母性である。『萬物これに恃《よ》って生ずるがその勞を辭せず、攻成るもそれを表面に占有することもなく、萬物を愛養してしかもその主とならない。小といへば小であり、萬物歸してしかも主とならぬを大といへば大である』。『これを生じ、これを畜《やしな》ひ、生じて有せず、爲して恃まず、長として宰せず』と老子に説いてゐる。」（同四九〜五〇）

安岡先生の理想的人物像は、真に自立した自由人で、老荘家は自由人の象徴を「嬰児」に求めている。嬰児の本性は、純粋性・溌剌たる創造力である。それは絶対者―道である。

Ⅲ 『宋名臣言行録』

(一) 明治天皇の御愛讀書

中国では古来、聖賢の書やその人物について書き記したものが、指導者階級の指南の書として尊ばれてきた。

『宋名臣言行録』もその一つで、中国の北宋の時代（九六〇～一一二六年）に輩出した名臣の言行を集録したものである。わが国でも江戸時代から明治にかけては、宰相たる者の必読の書とされていた。明治天皇もご愛読されていたと云われている。著者は朱熹である。

安岡先生は、金雞会例会において『宋名臣言行録』を七回講じておられる。それでは、なぜ戦争の最中に『宋名臣言行録』なのか。それは、『東洋思想研究』第一五號に示されている。

「今日の機械的政治が行詰まり、世が亂れるに随つて、眞の創造力を持つ活きた人物が要求せられるやうになり、殊に教育學問がその時勢にふさはしく革新せられて來れば、やがて又人物も出るであらう。何の日にか昭和名臣言行録といふやうなものが書けるであらうか。この前古未曾有の大難局に當つて、後世を唸らせるやうな人物言行の一向に傳はらないなど丶は何といふさびしいことかなど丶思ひながら、秋の一夜をしみじみ宋名臣言行録に更かした。この書は明治天皇に於かせられても御愛讀になつたものと承つてゐる。維新の名臣達は大抵一本を所持したもので、朱子の編著の中、近思録・小學と共に最も善く我が國に流布したものであらう。」（金雞学院、東洋思想研究研究所）（第一五號、二～三）

安岡先生は折に触れ

「今の政治は機械的であり、世は亂れている」

「信念、情操、識見、氣節、風格、言行をもった人物にかける」

と慨嘆しておられた。先生が『宋名臣言行録』を講じられた動機は、宋の名臣の中に「理想的な臣下の人物像」を見出されていたからである。さらに本書が

明治天皇の御愛讀書

であったことも動機の一つになっていたものと推測される。

（二）劉安世

〈誠に徹した人物〉

劉安西は河北省大名県元城の出身。北宋の神宗（一〇六七〜八五年）に仕え、官左諌丈夫に至った。安岡先生が『宋名臣言行録』の中で最も高く評価されている人物。先生は、「斯の人を見よ―宋の名臣劉安世―」（『東洋思想研究』第四七號）の冒頭で次のように記されている。

「緑雨の夕、惰氣を催すままに又宋名臣言行録を繙いて、劉安世の章を耽讀した。（中略）口の悪い東坡が冑《かぶと》を脱いで、安世は眞の鐵漢である。とても及ばぬと參つて居た。誠の一字に徹した人物で、眞に金剛不壞とも謂ふべき心身を打成した。不朽とか不死とかの文字は彼に依つてもその徒らでないことを悟ることが出來る。今や我が同志は滿洲に、支那に、佛印に、マレーに、タイ・ビルマに、南洋各地にと、數多出かけてゆくが、中には隨分瘴癘の地が多く、所謂南洋呆けばかりではない、健康を害し、精神を傷る者も少くない。本

文は實にさういふ心身の違和を濟ふ妙劑である。」（二）

一九四三年（昭和一八）ともなると、日本軍が東南アジア、中国、南洋各地で敗退、転戦、玉砕を余儀なくされてきた時期である。先生はこういう時こそ

誠の一字／金剛不壊の心身

が大切であると諭された。劉安世はまさにそれを体現する人物であったのである。

〈現行一致の人物〉

安岡先生は、また次のように記されている。

「劉安世・溫公に從つて學び、公休と業を同じくす。凡そ四日に一たび往き、習ふ所疑ふ所を以て質《ただ》す。公欣然として之に告げ、倦む意なし。凡そ五年、一語を得たり。曰く誠。安世其の目《もく》を問ふ。公喜んで曰く、此の問甚だ善し。當に妄語せざるより入るべし。（安

世曰く）余初め甚だ之を易しとす。退きて自ら日日の行ふ所と凡そ言ふ所とを隠栝《いんくわつ》するに及んで、自ら相掣肘矛盾する者多し。力行すること一年にして而て後に成る。此れより言行一致し、表裏相應じ、事に遇ひて坦然、常に餘裕有り。」（同四）

劉安世は、四日に一度温公を訪ねて学び、五年かかって心底から「誠」がわかった。さらに一年かかって「妄語せざる」の言行が一致した。これを以て劉安世は、表と裏がなくなり、坦然として事に対処できるようになったのである。

劉安世は一箇の誠の字となった

それ故に温公は、劉安世について次のように言っている。

「溫公曰く、安世平生只是れ一箇の誠の字。更に撲てども破れず。誠は是れ天の道なり。誠を思ふは是れ人の道なり。天人兩箇の道理なし。因つて左右の手を擧げ、之を顧みて笑ひて曰く、只だ這の軀殼有るが爲に、故に思を假りて以て之に通ずるのみ。其の功を成すに及びては一なりと。安世十五才より以後、便ち這個の道理有るを知り、也《ま》た曾て事々に力を着けたるも畢竟是《ぜ》ならず。只箇の誠の字有り。縦横の妙用、處として通ぜざるなし。此を以て門を杜ぢて獨立し、其の樂窮まり無し。恁怎《いかんま》生也た安世を動かし得じ。」（同五）

劉安世評はこの「温公曰く」に尽きている。

北宋では、神宗の代に王安石が革新政策を強行したため、新法党と反新法党の抗争が始まり、王安石の失政によって一時新法党は没落したものの、紹聖元年、章惇が相となり、反新法党を迫害し始めた。器之（劉安世の字）は章惇の忌む所となり配謫せられた。

安岡先生は『宋名臣言行録』から次の箇所を引用されている。

「紹聖の始、黨禍起る。器之（安世の字）尤も章惇・蔡卞《さいべん》の忌む所と爲り、遠く嶺外に謫せらる。盛夏老母を奉じて以て行く。途人皆之を憐む。器之屈せざるなり。一日山中を行き、其の母の籃輿を扶けて樹に憩ふ。大蛇有り、冉《ぜん》々として至る。草木皆披《ひら》き靡く。擔夫驚走す。器之動ぜざるなり。蛇相向ふ者の若《ごと》きこと久しうして乃ち去る。村民器之を羅拝して曰く、官は異人なり。蛇は我が山神、官を見て喜んで相迎ふるのみ。官の行、恙なからんかと。溫公門下の士多し。安世の如きは守る所凛然として、死生禍福にも變ぜず。蓋し其の平生喜んで孟子を讀む。故に剛大にして枉げざるの氣之に似たり。」（同六）

大蛇迫る。この情景はすさまじい。大蛇にひるまぬ胆力は凄い。既述はさらに続く。

「惇卞事を用ひ、公を死に致さんと欲す。故に方に廣東に竄せらるれば則ち廣西に移し、既に廣西に抵《いた》れば則ち復た廣東に徙《うつ》す。凡そ二廣の間遠惡の洲軍至らざる所無し。人皆謂へらく、公必ず死せん。然れども七年の間未だ嘗て一日も病まず。年幾《ほとん》ど八十、堅悍にして衰へず。此れ人力の及ぶ所に非ず、殆ど天相なり。或るひと問ふ、何を何てか此《ここ》に至ると。曰く、誠のみ。」（同六～七）

劉安世は、七年間死と隣り合わせの地を転々と移されていた。にもかかわらず、一日も病まず、齢八十にして衰えを見せなかった。これはどうしてかと問われて、温公は答えた。

講義の核心は

誠

にある。この誠は天皇の徳である。それは、安岡先生の『日本精神の研究』と『日本精神通義』に詳述されている。（本書、第五章～六章）

至誠

安岡先生はその後、一九四五年（昭和二〇）七月一一日の金雞会例会においても至誠を講じられている。（本章一一四頁）

Ⅳ『呻吟語』

『呻吟語』は、戦時中に講じられる聖賢の書としてまさに相応しい書、と云うことができる。

著者の呂新吾《りょしんご》（一五三六～一六一八年、嘉靖一五～万暦四六）は、中国、明末の官僚である。安岡先生は、一九四三年（昭和一八）最初の金雞会例会（一月一五日）において、呂新吾の『呻吟語』を講じられた。以後五回にわたって講義が行われている。

「呻吟」とはうめくこと、苦しみうなることである。

安岡先生は『呻吟語を読む』（安岡正篤、一九八九年、竹井出版）の中で次のように記されている。

「殊に『呻吟語』は、著者の呂新吾という人が実に偉い人で、本当に真剣な、浮調子なところなど全然ない人でありまして、その真剣な人が文字通り呻吟して書いたものでありますから、これを読むものもまた真剣にそれこそ題の通り呻吟して読むべきであります。」（一八）

呻吟の時代

当時、日本にとってまさに

が始まろうとしていた。先生のメッセージは明確に伝わってくる。さらに『呻吟語』は、安岡先生にとって重要な意義をもっている。

「この書は呂新吾の著作のすべてではなくその中の一書に過ぎないのでありますが、そもそも呂新吾という人物、その学問をいわゆる陽明学の中に入れること自体妥当ではないからです。呂新吾という人は陽明学とか朱子学とか何学とかいうような一学派の範疇にはいるべき人ではなくて、彼自身学問そのもの、道そのものというてよいぐらい自由に 聖賢の学 に参じておる。だから何々学派というような門戸・牆壁《しょうへき》に分類されることはおそらく本人も非常に迷惑であろうと思います。」（同一八）

『呻吟語』は聖賢の学の書なのである。

この視点から『呻吟語を読む』をみると、そこには安岡先生の 天皇論 を読み取ることができる。

聖賢の学問は王道に即する／天徳は只是れ箇の無我。王道は只是れ箇の愛人。（談道）

我をもたない、これが人間の天徳である。人間を愛するこれが王道である。

「同様に王道も、人間に徹して人間を愛することより外にない。愛という字をかなしと読みますが、この日本の国を愛し民族同胞を愛すれば、本当にこれを心配して何とかしなければならぬと心底から考えるようになる、それが王道というものです。」（同五九）

日本の国を愛し、日本の民族同胞を愛する、これが日本の王道である。これが安岡先生の天皇論である。

聖賢の学問は是れ一套《いっとう》、王道を行ひ、必ず天徳に本づく。後世の学問は是れ両截《りょうせつ》、己を修めずして、只管《ひたすら》に人を治む。（談道）

套は重ねること、一套とは一筋に専念することである。すなわち聖賢の学問は、ただ一筋に王道に専念することであった。ところが後世の学問は、己を修める道と人を治める道の二つに分れてしまった。己を修めずに、ただひたすら人を治めている。これは王道に反する。

天徳王道は是れ両事ならず、内聖外王は是れ両人ならず。（談道）

天徳と王道は二つの事ではない。内に聖人、外に王たることは別人ではない。内面的には聖賢の道を修め、外では王道を行う。これが、聖人のなすべき努めである。

王道は、安岡先生の天皇論の核心とも云うべきもので、これについては、本著の終章で取り上げる。

Ⅴ　金雞会例会の講義中断

金雞会例会での安岡先生の講義は、一九四四年九月一五日まで続いた。

以後、年末まで例会は一回だけ（一一月一五日）開かれているが、先生が講義された記録は残っていない。講演会・講習会に多忙を極められていた上、一一月二二～一二月一九日、支那各地を巡錫されたためと推測される。

Ⅵ　終戦の年：講義に大きな変化が!!

〈第二期：一九四五年一月～六月九日〉

金雞会での安岡先生の講義は、一九四五年（昭和二〇）に再開された。一月一二日から六月九日までの講義を『安岡正篤先生年譜』から一覧にしてみる。

これを見てもわかるように講義内容は、前年の九月までとは一変している。

一つには、時局が講じられている。

二つには、心身の修養が講じられている。

これは、恐らく戦局の悪化と先生の心境の変化を反映したものと思われる。

年月	場所	講義
一九四五・一・一二～一三（昭和二〇年）	興亜同学会共催時務研究大会	「支那の現状と我等の覚悟」を講ず
一・一五	金雞会例会	「支那の現状」を講ず
二・六	日本農士学校出講、学生講習を前に祖国の危急を告ぐ	「戦局極めて不利。…本土防衛を覚悟せねばならぬが、この時警戒すべきはソ連の動きなり。参戦か傍観か講和条件をもって脅迫か。…我が国がとるべき道は…」と、四つの方策を挙げ、相当の条件で一日も早く戦争を終結すること、「死をとるは易いが、悪罵の中に敢然と正義を主張するは難い。―それなりの修業を」と。
四・一	日本農士学校第一五期入学式	「戦局と修行心得」を講ず
四・五	（ソ連、日ソ不可侵条約を延長しない。旨通告）	

四・二二	日本農士学校	「戦局とこれに対する吾人の心身摂養法」を講ず
五・九	朝日新聞	「われら独歩の戦いへ」を掲載。正気を喚起する秋と、指導者へ直言
五・一七〜一八	日本農士学校	「乱世心法号」にちなんで「道に就いて」を講ず
五・二九	（米軍による東京大空襲）	
六・一	日本農士学校	「乱世心法」危局最大の活学なりと。
六・九	金雞学院朝参	「古今名賢心腹の語録」を講ず

（一）対支・対ソ時局論

一見して明らかであるが、終戦の年（一九四五年、昭和二〇）には、『老子』や『大学』など中国の古典の講義はなくなり、一月一二〜一三日に「支那の現状と我等の覚悟」、一月一五日に「支那の現状」が講じられている。これは恐らく、前年一一〜一二月の約一ヵ月にわたって支那各地をまわられ、支那の状況をつぶさに視察された上での講義であると思われる。

『安岡正篤先生年譜』には次の記録がある。

「古田常司を帯同、空路上海へ飛び約一ヵ月支那各地に巡錫す。九月五日の対重慶和平条件決定のこともあり、和平交渉の仄聞あるも極秘行動にて、その真遂につまびらかならず。」（九〇）

和平交渉／極秘行動

この二つの言葉に注目してほしい。安岡先生は、重慶和平交渉直前の八月二五日、小磯国昭内閣の強い要請により大東亜省顧問に就任しておられる。もし支那巡錫が、九月五日に決定された「対重慶和平条件」に係わる案件であったとすれば、先生は国運にかかわる重大使命を負われていたことになる。

二月六日の講義も注目される。ソ連の動きについての警告である。

これに先立ち一月二一日、先生は時務研究会に布施勝治氏を招き「ソ連の情勢」を聴講されている。

ソ連は、四月五日、日ソ不可侵条約を延長しない旨通告してきた。そして四ヵ月後の八月六日広島に原子爆弾が投下され、その翌々日（八月八日）、ソ連は日本に宣戦を布告、九日には満州に侵攻した。日本は、樺太、千島、択捉、国後、歯舞、色丹を奪われた。

安岡先生が繰り返し警告されていたソ連の脅威が現実化したのである。

(二)「心法」を説く

一九四五年（昭和二〇）の春になると、日本の敗色がいよいよ濃厚になってくる。三月には、米軍のB－29による東京大空襲によって東京は焼野原と化し、硫黄島の日本軍は全滅した。四月には米軍が沖縄本島に上陸、六月硫黄島の守備軍は全滅した。

このように切羽詰まってきた状況の下で安岡先生は

心身修養法／乱世心法／古今名賢心腹の語録

を講じられた。これも、第一期の中国の古典講義とは大きく異なってきている。

安岡先生は、一九四五年六月九日の金雞学院の朝参において「古今名賢心腹の語録」を講じられている。これは、先生の朝参の一大転機となった。そのきっかけとなったのが、五月二九日夜の米軍による東京大空襲である。これにより小石川御殿町のご自宅が羅災、蔵書、文献ことごとく焼失し、先生は以後金雞学院に起居されるようになった。ここで「古今名賢心腹の語録」の講義が行われるようになったのである。

以下、六月九日から終戦前日八月一四日までの『旧百朝集』に収録されている朝参の日付・語録・出典を記してみる。

日付	語録	出典
六月　九日	道義	花園天皇宸記
六月一〇日	素養	宋、蘇東坡、稼の説
六月一〇日	六然	酔古堂剣掃
六月一五日	四看	菜根譚

六月一六日	六時心戒	清、金蘭生、格言聯壁
六月一七日	維新	詩經大雅
六月一九日	世人の通病	明、呂心（新）語、呻吟語
六月二〇日	三不如	格言聯壁
六月二二日	五醫	格言聯壁
六月二五日	六知	格言聯壁
六月二七日	八休	格言聯壁
六月二八日	同じ思ひ	吉田松陰、元政、良寛の句
六月二九日	物に譬ふれば	格言聯壁
六月三〇日	我が言貌	宋、黄山谷
七月　三日	小人と君子	格言聯壁
七月　四日	世路	格言聯壁
七月　五日	眞の幸不幸	格言聯壁
七月　八日	大自在	菜根譚
七月一〇日	大丈夫事	林羅山座右銘
七月一一日	至誠	格言聯壁

七月一二日	三自反二不足	格言聯璧
七月一三日	人の非と善	格言聯璧
七月二一日	死生の道	義公行實
七月二二日	天地と人	格言聯璧
七月二三日	心語	楹聯
七月二五日	九邀	格言聯璧
七月二八日	六錯	格言聯璧
七月二九日	四不足戒	格言聯璧
七月三〇日	神	中江藤樹
七月三一日	載道の器	格言聯璧
八月　一日	足る	詠人不知
八月　二日	五悪字箴	格言聯璧
八月　四日	七養	格言聯璧
八月　九日	亡因	李覯、袁州々學記
八月一〇日	小の能く大に敵すること	左傳、桓公六年
八月一一日	誤解	カーライル、フランス革命史

八月一三日	神鑒	左傳、莊公三十二年
八月一四日	神意	左傳、莊公三十二年

（出所『旧百朝集』から作成。）

この記録にみられるように安岡先生は、戦局が日々悪化する最中、ほぼ連日のように朝参において

心法

を説かれた。外界に惑わされてはならない。心を養い、身を養い、徳を養わねばならないと。

以上の語録と出典を見るだけでも、先生が間近に迫っていた日本人に何を訴えようとされていたか、その心情が伝わってくる。

Ⅶ　大東亜戦争を論ず

〈第三期：一九四五年七月一一日〜八月一四日〉

終戦を目前にした約一ヵ月間、安岡先生は、朝参の場で大東亜戦争に関する率直な見解を表明されるようになる。ここには戦争指導者に対する厳しい姿勢が示されている。一九四五年七月一一日から終戦の前日八月一四日までの朝参の講義内容を記してみる。

年月	場所・講義
一九四五・（昭和二〇年）七・一一	朝参「至誠─その為すべからざるを知りて、而して遂に心を委《ゆだ》ねて之に任ずる者は達人賢者の見なり。その為すべからざるを知りて、而して亦力を竭《くっ》し之を圖る者は忠臣孝子の心なり。」を提唱─「即今の情勢最早この通り、我々は及ばずながら此処に信念を固め、人事を尽して天命を待つ外はない」と。

七・二一	朝参「死生の道―黄門光圀卿、諸子弟を喩《さと》して曰く、汝曹《ともがら》年少、一旦緩急あらば皆當に勇を奮つて而して首を馬前に隕《おと》さんことを思ふべし。然れども危に臨んで死を致すは士の當分なり。血氣の勇は盜賊猶ほ之を善くす。汝曹に望む所以に非ざるなり。士の士たる所以は死の難きに非ず、死に處するを難しと爲す。生くべからずして而も生き、死すべからずして而も死す、皆道に非ざるなり。然らば則ち何を以てか之に處せん。聖賢の學を講ずるに在るのみ。」と。また「特攻隊は誠に感激に堪へぬが、之を國内でいやに煽動的に讃美した者が多かった。流石に出來た隊長は一人でも特攻隊員を出さぬことに苦勞したものである。死の覺悟が出來たら、今度は生きる工夫が大切である。不惜身命《ふじゃくしんみょう》の故に但惜（たんじゃく）身命である。以て生くべくして而て死し、以て死すべくして而て生く。これは道を知る人間にのみ存する深理であり、有情である。」と。
八・九	朝参「亡因―秦は山西を以て六國を鏖《みなごろし》にし、萬世に帝たらんと欲す。劉氏一命して關門守らず。武夫健將賣降して後れんことを恐れしは何ぞや。詩書の道廢れて、人たゞ利を見て義を聞かざりしのみ。」と。

	又「終に最後の日が日本に訪れた。満州の情勢は言ふに忍びぬ。道の畏るべきを今ぞ知るべきで、これより我々の骨身に徹へる苦忠が始まる」と。
八・一〇	朝参「小の能く大に敵すること。—臣聞く小の能く大に敵するは、小は道あり、大は淫なればなり。所謂道とは民に忠にして神に信あるなり。上民を利せんと思ふは忠なり。祝史辭を正しくするは信なり。今民餒ゑ而も君欲を逞しうし祝史驕擧して以て祭る。臣その可なるを知らず。」と。又「あゝ是れ古のことか。今もこの通りではないか。君とは誰か、驕れる自稱指導者の流である。」と。
八・一一	朝参「宸憂」—「誠恐誠惶実に臣下一統死して大罪ありと云わねばならぬ。今上宸衷を拝察手足を措く所なし」と。孝明天皇勅書であるが、GHQの命令により『百朝集』からはこれだけが削除されている。
八・一三	朝参「神鑒」—「吾れ之を聞く、國の將に興らんとするや民に聽く。將に亡びんとするや神に聽く。神は聰明正直にして壹なるものなり。人に依つて行ふ。虢《かく》涼德多し。それ何の士か之を能く得ん。」と。

八・一四	朝参「神意」―神を知らざる似而非敬神者が神を弄んで神国を敗亡に陥れた。 神意の畏るべきを深省すべき。
八・一五	正午　終戦の詔勅玉音放送

注目すべきは安岡先生が終戦前の講義で戦争指導者を厳しく批判していることである。

人間に一番重要なことは忠勤・至誠である。
義を捨て利に走る国は亡びる。
日本の戦争指導者は神を冒涜している。
日本は神国であるとか、神風が吹くとか国民を扇動するのは似非敬神者である。

第五章　『日本精神の研究』：安岡正篤先生の天皇論心読の書（Ⅰ）

Ⅰ　日本思想界の雄

安岡正篤先生は一九二四年（大正一三）三月五日、玄黄社より『日本精神の研究』を刊行された。これは次に示す先生の四大著作の先駆けをなすものであり、これにより先生は日本思想界の雄と目されるようになり政界、経済界、軍部など各界から門を叩くものしきりとなった。

書名	発刊日	出版社
『日本精神の研究』	一九二四年（大正一三）三月五日	玄黄社
『東洋倫理概論』	一九二九年（昭和四）四月五日	玄黄社
『東洋政治哲学』	一九三二年（昭和七）一二月一〇日	玄黄社

『日本精神通義』	一九三六年（昭和一一年）一二月一日	日本青年館

安岡先生の四部作はいずれも難解の書である。その中でも『日本精神の研究』はとりわけ難解である。しかしながら私は本書について次のような評価をしている。

> 日本精神を探究・究め尽くした上での天皇論である
> 日本精神は、畢竟天皇の智徳・仁徳・勇徳に帰する

『日本精神の研究』の刊行にとりわけ感銘を受けたのは、軍人の八代六郎氏である。八代大将は「特に古道の日新に就いて懐を述ぶ」として次のように述べ本書を推奨されている。

「此の書通篇實に英靈の生動である。余が久しく期待して居つた日本古道の新しき體認と提唱とを、著者に依つて鮮かに實現せられ、退老余の如き者も之を讀んで、眞に心胸の躍るを覺ゆる。特に蕃山先生が晩年學問の極み、神道に深く造られたことを聞いて、案を拍つて感悟した。また「日本と天皇」篇に於て、日本國土の人格的意義や日本天皇と革命等

について先人未發の大見識に接し、感喜措く能はざるものがある。」
（出所：『日本精神の研究』安岡正篤、一九二四年、玄黄社）（一）

特筆すべきは、八代大将が「日本と天皇」篇に着目されていることである。『日本精神の研究』は安岡正篤先生の天皇論とも云うべき一大労作なのである。

もう一つ、八代大将の次の指摘も着目に値する。

「余は此の書を讀んで蕃山先生の神道への造詣に感嘆し又先人未發の見識に感喜措く能はざるものである。」（三）

これまた極めて深い洞察で、『日本精神の研究』は安岡正篤先生の神道論なのである。

Ⅱ　日本民族の自覺

日本思想界の雄として世に出た安岡正篤先生は、『日本精神の研究』の序論において日本国民に向かい次のように熱く訴えかけている。

「神祕な造物者は自然を造つて精神を闡明し、その精神に依つて同時に自然を展開するの妙趣を發揮した。物心は相待つて自己を完成する。人格も亦境遇と相作用して進歩するものである。随つて困難な境遇は常に人格の試錬を意味し、又能く人格の價値を表明する。今日本が眼のあたり非常な難局に臨んで居ることは國民の何人もが齊しく自覺して居ることであらう。日本が國家として人格的躍進を爲すは今である。日本民族が其の精神的威力を試錬するは今である。」（一）

ここで先生は

「日本が國家として人格的躍進を爲すは今である」
「日本民族が其の精神的威力を試錬するは今である」

と実に切迫感をもって日本と日本民族に迫っている。

それでは『日本精神の研究』の刊行当時、日本はどのような難局に直面していたのか。

Ⅲ　関東大震災：精神復興の先駆け

安岡先生の云う「非常な難局」について、『歴代天皇紀』「第一二三代大正天皇　嘉仁」には次のように記されている。

「大正一一年秘密結社日本共産党が結成され、無産労農階級の解放と天皇制の廃止をかかげた。翌一二年六月、党員の一斉検挙がおこなわれ、関東大震災後無政府主義者大杉栄らが憲兵大尉甘粕正彦に惨殺された事件、さらに、大正一二年一二月二七日摂政宮が議会開院式のため虎ノ門外を通過中お召車に対して発砲した不祥事虎ノ門事件がおこり、この不敬事件に対して山本内閣は総辞職し、犯人難波大助は死刑の宣告をうけた。難波はドイツ帝政が崩壊し、また、新しく生まれたソビエト政府の出現に刺戟され、皇室に対し疑念を持つに到った。常に共産主義、無政府主義者の著書を耽読しその影響を受け、不逞の行為をなすに至ったのである。」(五九六)

(出所：『歴代天皇紀』肥後和男編、秋田書店、一九七二年)

天皇制の廃止を公然と掲げる政党が結成された。摂政宮のお召列車に発砲する事件が起きた。まさに日本の皇室が直面した未曾有の危機といって云ってよいであろう。このような状況の下、関東大震災の発生から丁度二ヵ月後の一一月一日、『日本精神の研究』の緒言が成った。安岡先生はその中で、本書について

> 日本精神の真髄に触れ得た魂の記録である

と記されている。日本の未曽有の危機に当って先生は、本書を通じ志を同じくする人々の魂に

国民精神の真髄を訴えかけたのである。つまり『日本精神の研究』は

関東大震災後の精神復興の先駆け

と評価することが出来る。

それから九日後の一一月一〇日、大正天皇は

国民精神作興に関する詔書

を発布された。日本が重大な危機に直面した時、国民統合の精神的支柱となるのはいつも天皇の存在である。

安岡先生の『日本精神の研究』は翌一九二四年（大正一三）三月五日、玄黄社より刊行された。先生は本書の中で偉大な日本人の人格を通して日本精神を説き、最後を「日本と天皇」で締めくくられている。

日本精神の極致がまさに天皇なのである。

Ⅳ『日本精神の研究』目次

それでは安岡先生が唱えられる「日本精神」とは具体的にどのような精神であるのか。それが『日本精神の研究』の目次に端的に示されている。

〈『日本精神の研究』目次〉

第六章　剣道の人格主義
第七章　二天宮本武蔵の剣道と心法
第八章　武士道より観たる念佛と禪
第九章　敬と知と勇（行爲と直觀）―蒼海副島種臣伯について―
第一〇章　行藏と節義―高橋泥舟論―
第一一章　永遠の今を愛する心
第一二章　日本の婦道
第一三章　日本と天皇

このように安岡先生は、道元禪師、熊澤蕃山、大鹽中齋、ガンディー、墨子、宮本武蔵、念仏者、禅家、副島種臣、高橋泥舟と、それぞれの人格を通して日本精神を説かれている。具体的には次の精神である。

―崇嚴なる自由の精神
―武士道精神
―敬・知・勇の精神

一 藝術的人格	一 人格主義	一 行蔵と節義
一 義憤の精神	一 剣道の精神	一 永遠の今を愛する心
一 無抵抗主義の精神	一 念仏者と禅家の精神	一 婦道の精神

『日本精神の研究』の最終章は「日本と天皇」となっている。即ち

> 日本精神は究極的には天皇に行きつく。

『日本精神の研究』は、日本天皇論とも云うべき稀有の力作である。

この内、本書では、紙数の制約もあり、「熊沢蕃山」「大塩中斎」「蒼海副島種臣伯」「天皇と日本」について解説する。なお、道元禅師については拙著「安岡正篤先生と禅」、親鸞については「安岡正篤先生と親鸞」で詳述している。いずれも明徳出版社からの刊行である。

V　熊澤蕃山：偉大なる藝術的人格

［略歴］ 熊澤蕃山（一六一九〜九一年、元和五〜元禄四）は、江戸前期の陽明学者。一六歳の時、板倉内膳正重昌の推薦により備前国岡山藩主池田光政に仕えるようになった。二二歳の時、始めて『四書集注』に触れた。二三歳で中江藤樹を訪ねたが、当初入門を許されず、三度門を叩いて藤樹の母の気持ちが動き、入門を認められて藤樹門下で四書を学んだ。

二九歳の時、再度池田光政に仕えて三〇〇石を給せられ藩政に参画した。三九歳で職を辞して隠居。四一歳の時、京都に移住して蕃山了介と名乗った。ここから蕃山は陽明学を究め、さらに神道に心を向けていった。その名声が高まるに伴って誹謗中傷に晒され、幕府も蕃山を危険人物とみなすようになった。そのため、八年間親しんだ京都を離れ吉野山に隠遁した。その後山城国鹿背山、大和国郡山の矢田山に移住した。将軍綱吉の内意によって下総国古河に招かれたが、ここでも不遇の身となり、七三歳でその生涯を終えた。

一　大自然とともにある自由人

安岡先生は『日本精神の研究』の中で熊澤蕃山を次のように表現されている。

第三章　人格と生活
―偉大なる藝術的人格熊澤蕃山
第一項　人格と自然

即ち安岡先生は、熊澤蕃山を「人格」で表現されている。「人格」は、安岡先生の熊澤蕃山論を理解するキーワードなのである。熊澤蕃山に関する冒頭の記述を見てみよう。

「道元禪師に於て、あだかも萬古の白雪を戴いて、雲表にそそり立つて居る高山の様な崇巖な姿を眺めた私は、また熊澤蕃山に依つて、『先生の風、山高く水長し』といつた様な清曠自由な面影に接する。同じく自由な人格であつても、道元禪師の自由は崇嚴で道德的であるが、蕃山先生は如何にも清曠で藝術的な感じを與へられる。」（八六）

「今人無き室に在つて、靜かに冴ゆる燈の影に冥想すると、いかにもものの柔かな、顏かたち美しい、しかしながら秀傑の氣韜《つつ》み切れない立派な彼の姿が髣髴と浮ぶ。彼は心の如く貌も美しい人であつた。美しい中に威の有る、所謂『威有つて猛からざる』雅やかな人で

あつた。」（八六）

これは、安岡先生でなければ決して描き得ない文章である。

略歴に記したように熊澤蕃山は、岡山藩主池田光政に重用されて藩政に関与した反面、その後苦難の時期を経験し、京都、吉野山、山城国、大和国郡山、下総国古河を転々とした。政治的・世間的には不遇の時期もあった。そのような環境にあっても蕃山は、自然に任せる生活を送り泰然としていた。安岡先生は蕃山のその風貌に惹きつけられていた。

「四十を過ぎたばかりで胸に溢るゝ經綸を懐きながら、京都のかたほとりに隱棲して、音樂を樂しんで居る處士の面影、紅葉色濃き秋の暮、深草の里稱心菴に、京に名高い樂の名手小倉少將實起や、活如來と仰がれた尊い上人元政等と打ち集うて、小倉少將琴を彈じ、元政上人和歌を詠じ、自ら濱庇と銘したる琵琶を彈ぜる彼の風流、所司代から高名を忌まれて、うき世を芳野の山に山もりとなつて花を觀る其の隱逸、士江湖に在つて道益々尊く、東に召されて天下の政治を論じ、却つて古河に幽せられた不運の學者、天を樂しんで晏如として體逝した稀代の達人、限りない風趣が脈々として私を薫ずる。

彼は詠ふ　雲のかかるは月のため、風のちらすは花のため、雲と風とのありてこそ、月と花とはたふとけれ。彼こそ大自然のごとく自由なる人であった。」（八七〜八八）

蕃山はまさに「大自然とともにある自由人」という表現がピッタリする大人とであった。

二　経世の世界へ

熊澤蕃山の学問の基礎は四書にある。その学問は、名君池田光政に仕える間に従来の形式を打破する域に達していた。

ことに三度《みたび》中江藤樹の門を叩き、入門を許されてその門下で四書を学び、一一歳年上の師と二人相許すまでに至ったことは蕃山の非凡なる学識をうかがうに余りある。それは藤樹が陽明全書によって大悟した時期と重なっている。蕃山にとっては、まことに僥倖と云うべきか、蕃山もまた良知の奥義に深く参じたようである。

時を同じくして経世面では、蕃山は参勤交代の制度を緩やかにして諸侯の負担を軽減すべきことを説き、交易の緩和、産業の振興、治山・治水政策の強化を説いた。また農民生活の安定、宗教界の粛清、学校制度の樹立にも経綸をもっていた。

これらの施策は池田光政の知遇を得て岡山藩政において実現をみた。

しかし蕃山が僧侶・寺院の粛清に手をつけたことは、宗教界の反発を買った。蕃山の名声が高まるに伴って羨望・反発も出てきた。

ところが蕃山は地位に未練をもつ人間ではなかった。三九歳にして果然として隠居を願い出、藩主の許可を得た。

三　宗教的信仰の世界へ

藩政から退いた後、蕃山は京都に隠棲、この頃から彼の学問には哲学的思弁から宗教的信仰への変化が現れる。安岡先生は次のように指摘されている。

「現に彼は陽明學そのものを透過して、神道に心を傾け出した。彼の京都隠棲はこの意味に於て皇典の研究と、それから彼の好める音樂を學ぶ爲と、隨つて多くの風流逸人に交わること抔がその誘因であつたに相違無い。音樂に關して彼は廣い趣味と勝れた才とを持つてゐた。凡て正しい樂音は自然と人生を貫く『誠』の流露であることを味識して、彼は常に五音に心耳を澄ました。」（九九～一〇〇）

何という風雅を感じさせる文章であろうか。

「神道に心を傾け出した」「皇典の研究」

という指摘は、熊澤蕃山を理解する上で極めて重要である。

ここで、蕃山の天皇論と神道論について安岡先生が記しているところを引用してみる。

まず天皇論である。

「實際彼の朝廷に對する考は、政治哲學の上から云つても頗る深いものであつて、彼は日本の天皇は建國以來特殊の形而上的意味を表現し給ふ御方で、單に政治的立場に立ち給ふべきものでは無い。もつと超越的な、即ち政治と被政治とを等しく包容し、包容することに於て同時に之を超越せる絶對的な地位なのである。ゆゑに相對的な政治はこれを源氏に委ねられても、北條氏に託されても、德川氏に任されても好い。政治上の事は將軍がその責に任ずべきであつて、天皇は一切の國家的生命の根源で御ありなさるべきである。隨つて武家の人が帝位に上らうとするのと天皇をして天下を専制せしめようとするのとは共に無分別といふ外は無いとして居る。」(一〇一〜一〇二)

安岡先生は、この蕃山の言は最も傾聴すべき至言であって

眞に國體の精粋を穿つて居る言である

と激賞しておられる。また生半可な勤王論者では夢想も出来ぬところ、とも言っておられる。安岡先生の天皇論をうかがう好箇の言である。

次に神道論である。『日本精神の研究』には次のように記されている。

「つまり個人的物欲的自我から、社會的人格的自我への發展である。そこに道徳と政治とが成立つ。道徳と政治とはかくて同一原理の二様相に過ぎない。本來不二なものである。そしてそれ等の極致はいづれも宗教的境地でなければならぬ。學問はいづれ宗教的境地にまで進まねばならぬ。」(一一〇)

自我は個人的物欲的自我から社会的人格的自我へ高まってゆかなければならないのである。そこに至って初めて道徳と政治が調和する。道徳と政治が一体となる極致が宗教的境地であり、学問もここまで行かないと本物とは云えないのである。

「是の如き意味に於て、私は日本神道に深遠な價値があると思ふ。神道は最も現實的にして同時に超越的な偉大なる宗教である。蕃山が學問を始めて、道徳の世界から政治の世界に優游し、思索體認を積んだ極み、非常に神道に傾いて行つたことに深い意味を認めずには濟まされない。醇乎として醇なる日本人はいかなる放浪を經ても、終には日本精神へ復歸せざるを得まい。」(一一〇〜一一一)

安岡先生の面目躍如たる文章である。枠線部分には安岡先生の日本精神論の真意が示されている。ここで「醇乎として醇なる日本人」とは熊澤蕃山のことである。蕃山は山あり谷ありの放浪を経て最終的に日本精神に行き着いたのである。

「彼の學問は生活の爲めに機械を作つたり家を建てたりすることとは違ふ。生活そのことである。宇宙人生の根柢を體得し、『我』の面目を發揮するその自覺である。随つて物の世界から人格の世界へ、機械的生活から自由の生活への自覺發展が彼の實用の意味に外ならない。この道、この學問は萬古に古く盡未來際新しい『無限』である。ゆゑに其の本質も行 Tathandlung に在つて、文句に在るのでは無い。不二の巓を窮めゆく人と、机上に地圖を擴げて登山道の種別を勘定して居る人やお八湖廻りの人人と同時に論ずることの出來ないことを我々は先づ以て明瞭にして置かねばならぬ。

彼は漫然たる物的生活から實在の根柢に沈潜して、そこに確乎たる人生を樹立しようとして『學に志し』たのである。」（一〇九）

熊澤蕃山は、安岡先生が理想とされている人物像の一人である。蕃山は一六五八年（万治元）、三九歳で職を辞して、のち京都に移住した。名声が高まるにつれて誹謗も増えたため吉野山に隠棲、さらに山城国鹿背山、大和郡山の矢田山に移り住んだ。一六八七年（貞享四）、幕府に政務改革を建言したため、下総国古河に禁錮となり、一六九一年（元禄四）七三歳の生涯を終えた。安岡先生は次のように記されている。

「元祿元年彼が古稀に達した年の夏八月廿二日、生涯彼と一つ心にいそいそと默して一切の苦樂を分つて來た貞淑ないち子夫人が五十六で先立つた。彼は臨終の枕邊に夫人の手を取つて、『心靜かに自然の大化に歸するよう』と囁いた。夫人は微かに目を開いて、『平生の御教訓は忘れませぬ。たゞあなたの御先途も見とどけず、先立つことが残念でございます』と答へた。『露の命に何の先後があらう。』彼の言葉が聞き取れたか、『悪うございました。わたくしは今天のままにゆきます。もう心残りはありません』『善い善い。』彼は肅然として、またあはれ深くもこの大涅槃を看護つた。流石は蕃山の妻、あはれにも尊い臨終ではないか。彼は妻の遺骸を愛する琵琶の函に祕めて城外鮭延寺に葬つた。其の後彼は心を易に潛めて居たが、やがて元祿四年八月十七日七十三年の生涯を卒へて、この類稀な哲人も亦悠々として天地の大化に歸した。一藩は敬虔の念に滿ちて、この高士をかの鮭延寺に葬つた。彼の訃報に依つて、岡山藩でも藩主自ら痛悼して、蕃山村に祠堂を建てて彼を弔ふた。まことに大いなる人格は大いなる自然である。彼を思ふ毎に私は山高く水長い別乾坤を思ふ。」(一〇七~一〇八)

私は、この文章に限りなく心惹かれている。

自然の大化に帰する。天地の大化に帰する。

これを悟ることができれば、死は怖くない。

Ⅵ　大鹽中齋：学問と義憤

［略歴］大鹽中齋（大塩平八郎）（一七九三〜一八三七年、寛政五〜天保八）は江戸時代後期の儒学者・陽明学者。大坂町奉行与力大塩敬高の子で、平八郎は通称、号を連斎・中軒、のち中齋。一四歳の時、祖父政之丞の後を継いで与力見習となって大坂東町奉行の詰所へ出仕。その後学問に親しむようになり、儒学、経学に努め江戸に遊学して儒家の門を叩いた。二四歳の時、呂新吾の『呻吟語』を読みここから陽明良知の学に強く誘われるようになった。翌年「洗心洞學堂」を開塾、子弟の育成に力を傾けた。二八歳の時、高井山城守実徳が東町奉行に就き、吟味役に抜擢された。三八歳の時、高井山城守が辞職すると中齋も辞職を願い、家督を養子の格之

助に譲った。以後専ら著述と子弟の育成に努力。四二歳の時、『洗心洞劄記』二巻を著わした。門人をひきつれて富士山頂の石室に納め、伊勢神宮にも奉納した。高井山城守の後任には矢部駿河守定謙が堺から赴任。中斎は定謙の知遇を得、政治顧問となった。後任の跡部山城守とは折合いが悪く、折りしも天保飢饉に当って、中斎は上申書を提出して救済を申し入れたが受け入れられなかった。富豪への借り入れの申出は拒絶された。中斎は遂に一切の蔵書を売り払って金六〇〇〇両を調達、民衆の賑恤を行った後、門人とともに蜂起して失敗、潜伏先を包囲され、砲撃を受けて命を落とした。四五年の生涯であった。

一　士心と義憤

『日本精神の研究』第四章の大鹽中斎論の構成は次のようになっている。

第四章　學問と義憤—大鹽中斎論
　第一項　士心と憤
　第二項　生涯の士心

第三項　士心と内観
第四項　内観より實證へ
第五項　時局と義憤
第六項　義憤の暴露

ここには安岡先生による大鹽中齋論のキーワードが二つ示されている。それはである。先生はこの二つの言葉によって中齋の「日本精神」を伝えようとしたのである。

士心／義憤

二　義憤

「大塩平八郎の乱」と云うと、我々は米価の高騰や飢饉に苦しむ民衆のために立ち上がった江戸時代の反乱、という程度の知識しかもっていない。ところが安岡先生の評価は全く違っている。

今、『日本精神の研究』の「學問と義憤―大鹽中齋論」の冒頭を見てみよう。

「敬慕すべき陽明學者三輪執斎は、士心を一般に悟り易い感情的方面から擧揚して、『憤』と説いて居る。憤は大いなる道徳的努力に伴う灼熱である。論語にも憤せずんば啓せず、悱せずんば發せずとあるが、内訌して魂の熱きを覺える語である。腑甲斐ない人間は憤るべくして憤らぬ。驚くべくして驚かぬ。世の中を夢と見る見るはかなくも猶おどろかぬわが心かなと家光は辭世を認めたと云ふが、そこに彼の胸奥の道心が閃いて居る。近代の文學者では獨歩が最も此の悩みを詠つて居た様である。この深刻な情味を知らないでは、到底人生も分らない。自由も解けない。そこで我々が學問することはまた『憤を懐《いだ》く』こととも いふことが出來る。人生文字を識るは憂患の始なりといつた古人の言葉も決して矯激の放語ではない。我々は憤つて愈々其の人格の自由を認めるのである。玆に於て私は義憤(憤を私憤と區別する時義憤といふ。)に身を傷るに至つた純直至烈の學者大鹽中齋に無量の感慨無きを得ない。」(一一三～一一四)

安岡先生は「憤」に道徳的意義を認めて

人間は憤るべくして憤らねばならぬ／学問するということは憤を懐くことである

と言っておられる。これは決して我々にたゞ「憤れ」と煽動しているのではない。

義のために憤《いきどお》れ

と勧めておられるのである。これが義憤である。

大鹽中斎は、飢饉と米価の高騰に呻吟する民衆のために立ち上がった。民衆の苦しみを省みない奉行所と豪商に身を捨てて抗議した。これは私憤でなく義憤である。

三　生涯の士心

安岡先生は、大鹽中斎論のタイトルを

學問と義憤

としておられるが、実に推敲された的確な言葉である。

一方、士心とはより高い学徳を目指して精進する男子の心であり、先生は、大鹽中齋が佐藤一齋に宛てた書簡の中に彼の士心を認めておられる。

その書簡は次の自己紹介で始まっている。

「佐藤老先生
私は元來遠方の一小吏であります。只上官の指揮に從つて、訴訟や刑罰に關する諸問題を取扱ひ、それで俸給を貰つて一生を過し、他に別段求めることもなく行けば好いやうなものでありますが、しかもそれに安んじないで、獨り自ら高い理想を抱いて道を學びながら、世には容れられず、人には愛されず、如何して左計しないで居られませうか。」
（一一四～一一五）

大鹽中齋は一四歳の時から与力見習いとして大坂東町奉行所に詰めるようになったが、周りの人達は奉行所の小役人や赤い着物を着た罪人ばかり、見聞きすることも銭金や米の値段など他愛のないことばかりであった。

彼はひたすら「功名気節」の念に駆られて仕事に励んだが、そのうち自分もこれらの罪人と紙一重ではないかと、自らの卑しさを反省するようになった。

その「自己内面の病を治す」ため、彼は学問を志した。

「私は思ひました、それこそ儒に従つて讀書し思索すれば、治すことも出來ようと。そこで私は儒に就いて學問するやうになりました。茲に於てかの功名氣節の志は自ら一變したのであります。」（一一七）

これが大鹽中齋の士心である。学徳を修めようとする士心である。

このようにしてひとたび儒教の道に足を踏み入れたものの、当時の儒学は孔子・孟子などの素読・訓詁学程度のもので中斎の内面的欲求に答えるものではなかった。

「そこで私は萬事を抛つて、退いて獨學しました。殆んど名状することの出來ないほど苦んで勉強しました。さうです、確に天の祐に因りまして、私はこの時ふと呂新吾先生の

『呻吟語』の舶來本を手に入れることが出來ました。此の書は實に呂新吾先生がやはり私のやうに、其の苦しい心の病から記された僞らざる言葉であります。私は此の書を手にして、眞に熟讀し玩味しました。そしてこの深刻な煩悶にこそ、まことの道があるのでないでせうか。私は恍然として何となく自覺の光に接したやうに感じました。」（一一七～一一八）

『呻吟語』は呂新吾の代表作（本著、第四章）。安岡先生は、本書について「自我を徹見した人がまさに文字通り呻吟して書いたものである」と評されている。

中齋はこの『呻吟語』を熟読・玩味し、深刻に煩悶した後、自覚の光に接した。彼はここからさらに高みをめざして精進する。士心である。

「それからこの呂新吾先生の思想が陽明先生から出ていることをつきとめ、またその陽明學（良知學）が、我が國では藤樹（中江）・蕃山（熊澤）の二氏及び三輪氏（執齋）の後、關西に廢絶して、一人も之を講ずる人はありませんので、私は竊にまた三輪氏の飜刻された古本大學・傳習綠を探し出して、更に稍々内的生活の充實に工夫を積み、これを人にも喩《さと》して、從來徒に内省を忘れて、機械的に走つた傾向から改めて一變しました。」（一一八～一一九）

中齋は、呂新吾→王陽明→中江藤樹→熊澤蕃山→三輪執齋と士心の道を進んでゆくのである。

さらに三輪執齋の訳になる『大學』『傳習録』によって内的生活を充実させるべく工夫を積んだ。これは中齋の学問が単なる「学徳の修得」から内省内的生活の充実に進んできたことを意味している。以後、彼の仕事の姿勢は一変した。純真な内面的欲求に従って、前後を省りみることなく、勇猛果敢に只ひたすら現在の務めを果たすことに専心した。これをもって親の恩に報い、聖賢の教えに報いようと努めたのである。

彼の生涯の士心はさらなる高みを究めた。陽明学で云えば良知を致し、事上錬磨の域に達したといって良いであろう。かくして彼の名声は高まった。ところが中齋は、またまた内省の道に入った。

「私は深く考へました。まだそれほど人間が出來て居らぬにも拘らず、是の如く虚名の高まることは、是れすなはち天の忌むところであると。そこで私は決然職を辭して、静かな休養の生活に歸りました。」(一一九)

この時、中齋は三八歳、この年にして決然職を辞し、隠居生活に入ったのである。ひたすら閑居して自己の心性を養い、少しでも人格を高めようと努めた。

四一歳の時、彼は佐藤一齋に手紙をしたためた。

「けれども不幸にして私には良き師友がありません。随つて五〇、六〇と寄る年波につれて、或は今の緊張が弛まぬとも限りません。私はそれを日夜心配して居ります。今より如何にすれば、果してよく現在の志を益々堅立して、無意識の境地に逍遙することが出來るでせうか。先生も亦陽明良知の學を體認して居られるお方であります。故に道を以て先生に就けば、先生は必ず夫子が孺悲を待つが如くに、この私を容れて下さるでせう。それを思うて私は私の志を告げ、先生の教を乞ふために、まづこの書をさし上げたのでございます。」(一一九~一二〇)

生涯の士心

何という士心。安岡先生が中齋の生き方を

と形容したのにはこのような深い意味があるのである。

四　内観より実証への道へ

時はさかのぼるが、中齋は二八歳の時、高井山城守によって吟味役という職に抜擢され、さまざまな難しい社会問題の解決に敏腕を揮った。邪教徒退治、奉行所にはびこる犯罪の巣窟の手入れ、破戒僧の検挙等々。

中齋は猛然と立ち上がってこの難局の処理に当った。彼を動かしたものはである。ここに安岡先生の言葉が蘇ってくる。

義憤

人間は憤るべくして憤らねばならぬ／学問するということは憤を懐くことである

中齋が義に憤れば憤るほど抵抗勢力は牙をむいてくる。自分の身どころか家族も危険に晒された。

「中齋の義憤は遂にまた彼をして猛然起つてこの難局に當らせた。今度は奉行所に蟠る罪惡の巣窟に手を入れるのである。市中を横行する無頼漢を誅戮するのである。犯罪の蔓は手操れば手操る程意外な邊にも及んで居る。彼の地位として之に鉈を揮ふ時、同時に自らも亦非命に斃れることぐらゐは當然覺悟せねばならない。文政一二年の春三月彼の愛妻ゆうは髪を剃つて養父の屋敷に移された。知る者は深く彼ら夫婦の覺悟に感激した。」（一三五）

中齋の疾風迅雷のごとき断固たる行動によって奉行所の腐敗は一掃され、破戒僧の検挙も進んだ。彼の名声は関西にとどろいた。ところがこの時も中齋の内面は満たされなかった。

「吟味役として彼は是の如く頻に偉大な功績を擧げ高井山城守から破格の待遇を受けた。學者として、人物として、名吏として、彼の名聲は關西に鳴り渡った。それと同時に小人の嫉み怨みも亦深からざるを得なかつたであらう。然しそれは飽迄も純直で勁烈な性格の彼にさほどの問題では無かつた。ただ誠の人は常に名聲の下に深く自己の空虚を感ずる。彼の剛き性格を以てして、道の前には神の如く弱かつた。」（一三六）

かくして中齋はまだ三八歳の壯年であったが、内面の道に従って辞職願を出し引退したのである。

五　義挙・死

引退後、中齋は学者として在野の士として世に乞われ人材の育成に専念した。一八三三年（天保四）後世に残る『洗心洞劄記』を出版した。

ところが時代は彼を放っておかなかった。大坂奉行所に矢部駿河守定謙が赴任、中齋は定謙の知遇を得て時局を論じた。後任として奉行に就任したのが跡部山城守である。

この頃世は騒然としてきた。一八三六年（天保七）諸国に大飢饉が起こり米の不作が続いて米価が急騰、各地に暴動が発生した。飢えが広がって死体が道路傍に転がっているような状況に陥った。京都では、住民の数三〇萬、その五萬六千まで餓死したと伝へられている。

ここに至って熱血漢中齋の義憤が頂点に達した。奉行に向かって官倉の開放を迫ったのであ

る。しかるに回答は無慈悲にも

「救濟不可能」

の伝達であった。事態はさらに悪化した。

「年が明けると更にまた悪疫が流行り出した。饑と病との爲に、どの墓もどの墓も毎日死體の始末に困つた。」（一四二）

一八三七年（天保八）のことである。何とかして窮民を救済することは出来ないか。中齋は手を尽くした。自分自身及び弟子達の俸祿を担保に鴻池家その他の富豪から賑恤金一二萬兩の借入れを申し込んだ。この時は富豪達も中齋の至誠と人格に惹かれて申し出を受け入れるところまで進んだ。だが彼らも商人である。万一の担保として官の賛同を奉行所に願い出た。

「之に對する跡部山城の指令は如何！　平八郎身分を辨へざる賣名の行爲不都合至極、若し奉行の指令無きに彼に金圓を貸與する者あらば嚴罰に處すべしと。茲に於て意氣地の無い富豪は戰慄して、素氣なくも希望に充ち滿ちて待てる中齋にこの申込を謝絶した。」

（一四一）

ここに至って中齋は、奸吏奸商を排して直接民衆を救わねばならぬと決断するに至った。安岡先生によれば、「端嚴なる君子豹変して直接行動の主魁となった」のである。

正月八日、三十八有余の幹部が「義盟」に名を連ねた。中齋は蔵書を売り払い、全六五〇両を調達して三十三町村の民衆を賑恤した。その間中齋は、家族に言い含めて河内の親戚に預けた。

「そして丁度二月一九日孔子祭典の例日、新任西奉行堀伊賀守を案内して跡部城洲の市中巡視を機會に火蓋を切るに決した。其の夜より近郷近在へかけて檄文が撒かれた。」

（一四二）

一九日朝、乱の火蓋が切られた。中齋の義軍は天満街より船場に向かった。北天満一帯は炎々と火災につつまれた。富豪の家は軒なみ焼払われ略奪が発生した。

しかし義軍は所詮、烏合の衆。夜に入ると潰滅に追い込まれた。官軍の激しい砲撃にあって、中齋も死亡した。

ここに中齋の義軍は挫折した。実にあっけない終末であった。

Ⅶ　三種の神器に表徴されたる日本民族精神

三種の神器と日本民族精神に関する安岡先生の記述はわずか三ページという短文である。ここに、三種の神器に関する先生のご見解を記すこととする。

「我等の先祖より言ひつぎ語りつがれた建國の神話は教へる。太古伊弉諾尊伊弉冊尊の男女二柱の神大八洲國をかため給ひ、御長子天照大神高天原をしろしめして、其の御弟素盞嗚尊出雲に下りまし、國を平らげて寶劍を得、之を天照大神に捧げられた、これ即ち叢雲劍である。後大神は瓊々杵尊に告げてこの豊葦原瑞穂國をしろしめさせ給ひ、寶祚のさかんなること天壤とともに窮まりなかるべしとて、八咫鏡、八坂瓊勾玉とかの劍とを授けられた。これ帝の受け傳へ給ふ三種の神器の由來である。」（一八六）

今の日本では、天照大神とか三種の神器と云うと神話の世界として一蹴されてしまうが、安岡先生によれば天照大神は国民生活の「霊源」であり、日本民族の「理想的進化の無限そのもの」なのである。我々日本人は、その真実を

令和元年五月一日、『剣璽等承継の儀』

において目撃している。

「そしてその際授けられた鏡と玉と劍とは、明らかに無限なる創造的理想活動の三徳—三つの根本的作用を示すに外ならない。即ち鏡は誠より發する智慧である。玉は穆たる仁愛である。萬有をして渾然一體たらしめ(仁)、一に即して同時に顯然萬殊ならしめる(智)。一多相即無礙の活動が皇國の實在である。其の無礙の活動は即ち勇(劍の德)である。勇は矛盾の統一に外ならない。叢雲の劍が出雲を平げられた素戔嗚尊によりて献ぜられたといふ所に自ら妙理があるではないか。」(一八七)

我々はまさにこの皇位継承の歴史的瞬間に日本の民族精神に感動し、日本人であることに誇

りを覚えることができるのである。

「是の如くわが王位継承の御しるしである三種の神器が實に善く日本民族の精神生活の綱領を表して居る。萬有を包容せんとする仁と、其の無我より發して内外を照被する智と、之に伴ふ不斷向上の勇、これぞ日本民族の三大『達德』である。」（一八七）

萬有を包容せんとする仁／仁の無我より發して内外を照被する智／智に伴ふ不斷向上の勇

安岡先生によれば、この仁・智・勇が日本民族の三大「達德」である。この内、叢雲（草薙）の劍は日本刀となって日本武士道の礎となり、日本民族を勇者たらしめた。

Ⅷ　敬と知と勇（行爲と直觀）——蒼海副島種臣伯について——

一　潜行密用

安岡先生は、『日本精神の研究』第九章において副島種臣を採り上げておられる。その冒頭の記述は、我々をして深刻に自己を省察せしめ、自己を返照せしめるものである。

「私はもと『言ふなからんと欲する』徒である。たとへ千萬卷の書を漫讀するも、固より道に於て我に一も加ふるところはなく、又他に對しても、百千言を費して濫誡したところで、眞に一事を行じて示すに及ばない。切實な工夫と誠意の流露こそ私達の欲するところである。切實な工夫を積むものは先づ默して深く自己を省察する。然る後彼は漸く深い思念の眸を轉じて、他を觀察し、理解し、批判するであらう。同時に彼は復た光を廻して自己を返照する。其間彼を支配するものは總て眞摯であり、嚴肅であり、沈默である。その眞摯と嚴肅と沈默との中に、自ら不測の力が彼に内實して來る。この内實の力の横溢に始めて彼の言動の火が點ぜられる。」（二八〇〜二八一）

この「彼」とは誰か？　自己である。自己を省察する自己であり、自己を返照する自己である。先生はペラペラおしゃべりする徒を好まれなかった。萬卷の書を読んで知識をひけらかすような徒を好まれなかった。先生が重んじられたのは

自己考察／自己返照

である。この自己考察と返照を真に行ずる者は

眞摯／嚴粛／沈黙

の世界に支配される。眞に一事を行じている者は、この世界に生きることができる。そうすると予測もできなかったような

内實の力

が漲り、その言動に火がつくのである。

安岡先生は、この自己沈潜に発して内實の力を横溢させている典型的人物として、副島種臣を挙げておられる。

二　君子の外交：明治外交史に不朽の光

副島種臣（一八二八〜一九〇五、文政一一〜明治三八）は、幕末・明治期の政治家として激動期を生き抜いた人物である。その経歴は、幕末の尊王攘夷運動に始まり、幕府崩壊後は政体書の起草や版籍奉還に尽力した。新政府では、参与・参議となり、外務卿、清国への特命全権大使に任ぜられている。帰国後、征韓論を唱えて下野、民撰議院設立建白書に名を連ねて政界を離れた。その後宮内省御用掛兼一等侍講（侍講局総裁）、伯爵、宮中顧問官、枢密顧問官、枢密院副議長、内務大臣（第一次松方内閣）等を経て従二位に叙せられている。内務大臣辞任後、再び枢密顧問官に任ぜられた。没したのは一九〇五年（明治三八）、七八歳であった。

副島種臣の生涯は、幕末・明治維新という激動の時代に相応しい波乱に富んだものであったが、安岡先生は、一八七一年（明治四）〜一八七三年（明治六）のわずか二年間に焦点を当てて、副島種臣の至誠な人格と自己幽潜の生活を見事に描き出しておられる。

一八七一年は、彼が外務省御用専務となり、ロシアとの北方領土画定交渉に当った年である。一八七三年は、彼が特命全権大使に任ぜられ清国に赴いた年である。この年、彼は征韓論に敗れ、参議兼外務事務総裁を辞任している。

安岡先生は、わずか二年間（一八七一〜七三）の副島外交について次のように絶賛しておられる。

「僅々二年の短時日には相違ないが、然しながら此の間の外交こそは、實に明治外交史上に不朽の光を放つて居る。彼は其の強大な人格と豪膽な外交とに依つて、今迄の自屈叩頭の外交に一大革新を與へ、そして列強から始めて日本にも尊敬すべき外交家あることを認識せしめた。常に我國と最も親しかるべくして、しかも正反對に我國を排斥して止まぬ支那人から、感謝と讃美とを捧げしめた外務大臣は彼一人であつた。」（二八三）

明治外交史上に不朽の光を放つ

我々はこの評価を銘記すべきである。

外務卿としての仕事はわずか二年であったが、『元田東野・副島蒼海』には次のように書かれている。

「明治初年において、種臣は外交交渉になくてはならぬ人であった。それは彼自身も言うように、洋学者といわれる人たちでさえ『万国公法』という名を知ったか知らぬ程度の時代であったからでもある。彼は長崎時代にフルベッキから漢訳の『万国公法』（北京・同文館の教師であった丁韙良《いりょう》が翻訳したもの）を贈られて、その内容をよく知っていた。当時は攘夷の気風が色濃く残っており、外国人の暗殺事件もしばしば起こった。幕末に諸藩が外国商人に金を借りて、土地鉱山などを抵当に入れていたというような問題もあった。それは『ことごとく明治政府の負担となって』種臣の出馬を余儀なくさせたのである。」（出所：『元田東野・副島蒼海』叢書・日本の思想家47、巨勢進・中村宏　一九七九年、明徳出版社）（一三七〜一三八）

万国公法の内容をよく知っていた

これが、副島種臣の外交力の背景にあったのである。

一八七一年一一月特命全権大使・岩倉具視を団長とする遣《けん》欧使節団が欧米に派遣された。随員には木戸孝允、大久保利通、伊藤博文など百余名が従った。使節団の目的は条約改正の準備であったが、最初の訪問先アメリカ政府から即座に交渉を拒絶された。全権委任状をもっていなかったからである。大失態である。

木戸と伊藤が慌てて日本に戻り、議論沸騰の後全権委任状を得たものの、この事情を知った日本駐在の各国公使は外務卿の副島を訪ねて詰問した。安岡先生はその時の副島卿の毅然たる姿勢を次のように記されている。

「貴國では條約改正をなさる御意向の様であるが、其の御理由を承りたい。惟ふに現行の條約は諸國の強迫に因つて、止むを得ず締結された半獨立國的條約の様なものであるから、それで廃止せねばならぬとせられるのか、と。是れ實に當年の條約と外交の眞相とを語る小癪千萬な語である。然し我が副島外務大臣の答ふるところは毅然たるものであつた。否々我國は小と雖も、堂々たる獨立國である。現行の條約も、其の當時の事情が之を是としたるが故に、帝國自ら希望して締結したに過ぎない。然しながら國運は駸々乎として推移する。現行の條約は到底將來の國情に適しないからである。」（二八五〜二八六）

「彼は各公使を前に、治外法權や關稅權制限の撤去を論じて『是の如きは天下の正義が當

然我國に之を許さざるを得ないものであると余は確信する』と揚言した。（二八七）

明治の初め、新政府の高位高官に任ぜられ後に元勲となった人ですら、外国公使に対してこのように独立の気概を示し、毅然たる態度をとり得た人物は副島種臣の外には居なかった。

「是れ直ちに彼が道徳的人格の振はしめた豪膽奔放な雄辨である。果して各國公使の彼に對する畏敬は日に日に加はつて、漸く我が外務省にも力の曙光を認められて來た。」（二八七）

これ安岡先生の副島評である。以後今日に至るまで、日本の外交当局にこのように気骨ある人物は出ていない。

三　マリア・ルーズ号事件：独立国の矜持

一八七二年（明治五）六月、一隻のペルー船が横浜に寄港した。船名を「マリア・ルーズ」(Maria Luz) と云い、暴風で損傷した船体を修理するためであった。マリア・ルーズは、支那の移民二三二名を乗せてマカオからペルーのカラオに向かって航行していた。しかし移民というのはもとより偽りで、マリア・ルーズ号はであった。マカオは当時有名な奴隷売買地だったのである。果して一夜逃亡を企てたクーリーがイギリスの軍艦に救い上げられ、イギリス公使を通じてわが外務省に通報があった。副島卿は、直ちに時の神奈川縣令大江卓に対し人道的精神からの事件処理を命じた。こういう場合、日本の当局には往々にして臆病風が吹くものである。当時も司法当局や前神奈川縣令陸奥宗光は副島の方針に反対した。然しながら副島は動ずることなく事件審理の全権を一任する旨の勅許を得て、マリア・ルーズ号の船長とクーリーの訊問を実行せしめた。問題は外国当局にも波及し、マカオ駐在ポルトガル領事は日本政府の不当性を主張、アメリカ・フランスの公使も異議を唱えた。それでも副島は信念を曲げず正義を貫いた。

奴隷船

安岡先生は次のように記されている。

「逐に七月二十三日特別裁判所を開催して、諸外國領事、外務司法當局の代表者立會の上、裁判長大江卓をして、断々乎として奴隷解放を宣告せしめ、清人は一時我國に於て救恤し、直に旨を清國當路に報じた。此時の清人の感謝は實に非常なものであつた。當路は謝史を派遣し、諸官は頌徳の詩文を贈り、副島卿の名は正義の神の如くに響き渡つた。」（三〇五）

安岡先生は、続いてポルトガル領事の抗議とそれに対する副島卿の堂々たる反論を記しているが、先生の結びの言葉は、我々現代人の義憤にも訴えかけてくる。

「之を近時外交に屢見る正義人道の空文に比する時、私は感慨無量たらざるを得ない。」（三〇六）

この悪弊は今にも続いている。北朝鮮による日本人拉致、朝鮮慰安婦問題、中国の南京虐殺事件、これら外交案件に対する日本の外交当局、マスコミ、政治家の姿勢を見るにつけ副島卿の偉大さが燦然と輝いてくる。

四　謁帝問題

副島種臣は、一八七三年（明治六）二月二七日特命全権大使に任ぜられ、三月一二日軍艦

「龍驤」に乗船して清国に向った。名目上の目的は修好条約の批准書交換であったが、真の目的は琉球・台湾・韓国にかかわる日清間の諸問題について清国の干渉を排除することにあった。副島の意図は彼自身の上奏文から明瞭に読み取れる。

「台湾をうかがう諸国にわが王事を妨げさせず、清国に生蛮の地を譲らせて土地を開き民心を得ることは、私でなければできないであろう。みずから清国に行って批准書交換の名で北京に入り、各国の公使を説得し、謁帝問題をテコに台湾問題に及び韓国との関係を質して半島を開拓するようにしたい。」（前出『元田東野・副島蒼海』）（一四九）

臣にあらざれば恐らく成すところなかるべし

（私でなければできない）

ここには副島の並々ならぬ自信と決意が示されている。

副島大使が北京に到着したのは五月一四日、以後帰国までの約二ヵ月間大使は、中華思想を胡座に尊大な態度をとる清国を相手に一歩も引かない外交交渉を繰り広げる。一般にはわかりにくい問題なので時系列的に説明する。

五月一四日：北京についた副島は、まず随員の柳原前光を総理衙門に派遣、皇帝への謁見と国書の奉呈を請うた。この時、副島は二つの難問に直面していた。

一つは謁見の儀礼の問題である。当時の清国は、中華思想にもとづいて外国公使に対し君人的な跪拝の礼（ひざまずき身をかがめて礼拝すること）を強制していたのに対し、諸外国の公使の側は、立礼（起立して礼をすること）を主張して譲らなかった。

もう一つは、外国使臣の席次の問題である。当時の清国では、全権公使も弁理公使も一律に見做して唯任命の順によって席次を決めていた。

安岡先生によれば

舊來の夜郎自大的見地

である。それでは副島は、この問題にどう対処しようとしたのか。

「然るに副島は自ら大使の故を以て、首席待遇により、單獨謁帝を請求し、且つ儀禮に就

ても、跪拝を斥けて、皇帝と同室で三揖せんことを主張した。」（三二〇〜三二一）

五月二五日〜六月二〇日：この間、日本公使館と総理衙門の間で謁見問題につき何回かやりとりが行われたが、清国側の姿勢は変わらなかった。

六月二〇日：副島大使は、謁帝の議を撤回し、帰国の上、当を得ればまた謁見する旨清国側に通告した。

六月二一日：副島大使は帰国を前にして柳原を通じ、マカオ、韓国、台湾の問題につき清国側と談判させたが、首尾よくゆかなかった。彼は先方の弁明を断固はねつけ、随員の一部を帰国させてしまった。動揺したのは清国側である。大使に陳謝し、翌日、謁帝問題を議する旨伝えてきた。

六月二四日：大使はこの日帰国の予定であったが、清国側は大使に対し

各国公使とは別に単独で謁見する

と通告してきた。副島の大勝利である。

六月二九日：副島大使と各国公使は紫光閣で皇帝に謁見、国書を奉呈した。『元田東野・副島蒼海』には次のように記されている。

「この日は陽暦では七月四日に当る暑い日であった。各国公使はそのため皇帝の酒饌を断わったが、種臣は『欣然として戴く』と答えた。清国側は『日本大使は礼儀を知っている。欧米の使臣らは人の君父を辱かしめるものだ』と評したそうである。種臣はこうして所期の目的を達成し、立礼問題をも解決して帰途についた。駐清の英国公使ウェードは立礼の確定と大公使の順序確立に感謝し、ロシア公使は本国に『副島が牙をあらわした』と報告したという。とにかく種臣のこの活動が、日本の国際的地位に好影響を与えたことは疑いない事実である。彼が帰朝した時、在日各国公使は『今日からは貴君を真に独立帝国の外務卿として接遇する』といって宴を開いた。」（一五七～一五八）

安岡先生の記述も感動的である。

「六月二十四日、清廷より大使を首席とする報を齎した。そこで大使は飜つて自らも亦禮を返して、各國使臣の如く五鞠躬の禮を取る事となし、始めて六月二十九日、紫光閣に謁帝の式を擧行された。此時彼が一擧一動悉く節に中つて、悠揚紊れざる鮮かな態度と、始終を通じて發揮せられた深遠な學殖とは、唯さへ奴隷解放事件以來朝野の畏敬に加へて、滿廷の賛嘆を博する所となつた。そして七月九日各國使節及び清國官民から前代未聞の盛大な送別を受けて、この日東の偉大な君子人は、光榮と希望とに映えて、故國に出發した。」（三一二〜三一三）

安岡先生は、「蒼海副島種臣伯について」を次のように結んでおられる。名文である。

「彼の人格は始終を通じて至誠であり、其の生活は公使を貫いて自己幽潜であつた。其の光輝ある純粋の生涯は斷えざる知識の證悟であり、限り無き直觀の深詣であつた。彼が政界を去るとともに、王者の儀表であらせられた明治天皇の侍講となり、晩年易に潜心して、其の神宇宙と冥符するに至つたことは、我々をして眞に襟を正さしめるものがある。宇宙的精神世界的生活は、唯一つ自我の奥殿に通ずるに由つてのみ可能であると思ふ。」（三一三）

至誠の人格

この副島種臣伯が清国から帰国後征韓論を主張して野に下った。明治政府にとっては尊い人材の喪失であった。

しかしながら、その後副島種臣伯は、一八七九年（明治一二）官内省御用掛となったのを初めとして宮中顧問官、枢密顧問官を勤め、明治天皇から絶大な信用を得た。

副島種臣伯は、本著『安岡正篤先生の天皇論・国家論』においては欠くべからざる人物である。

Ⅸ　日本と天皇

一　國家及び天皇の自覺

安岡先生は、『日本精神の研究』の序論において、まず「日本民族の自覺」を促され、今こそ我々は日本の民族精神を體得しなければならない、と力説された。その民族精神とは

清く明るき鏡の心より發する智慧の光／勇猛な正義の劍／穆たる玉の如き徳

である。この民族精神は皇位継承の御しるしである三種の神器に象徴されている。安岡先生によれば、日本の国家は、天皇の私有財産ではない、天皇と国民との権力服従関係でもない、単なる主権者と人民と土地の結合でもない。日本の国家は、

人格的存在である／絶對的自由の意志を有する／炎々たる道徳的理想を有する地上の最も神聖なる存在である

これが、安岡先生が説かれている
日本精神論の核心であり／日本国家論の核心であり／天皇論の核心である。

安岡先生は『日本精神の研究』を通して日本精神を考究され、最後に、「國家および天皇の自覺」に到達された。

「從來私は多くの迂餘曲折を經て、漸く茲に日本精神の最も崇嚴な國家及び天皇の自覺に

到達した。」（三六八）

二　天皇と国家

『日本精神の研究』の「天皇と国家」には安岡先生の天皇論と国家論が凝縮されている。先生の天皇論の原点は神話、即ち天照大神の天孫降臨である。そして先生の天皇論の核心は、天照大神が天孫降臨の時に伝えた三種の神器である。鏡は天照大神の智の威徳を現わし、剣は素戔嗚尊の勇を現わしている。

安岡先生の神話解釈で重要なのは

深遠なる自覺の光に照らされて一切の人格價値が發揚される

という考え方である。

素戔嗚尊の勇も、天照大神の智の威徳に照らされなければ完全な勇の体をなさなかった、つまり義とはならなかったのである。

義でない勇は乱である。賊である。

神話に立ち返ると、天孫降臨の前、国土を「うしはって」（自分のものとして領有して）いたのは素盞嗚尊の子孫である大國主命であった。そこへ天照大神の命を受けて瓊々杵尊が降臨されると、大國主命は治めていた国土を瓊々杵尊に譲られた。これにより国土は、「しろしめす」（お治めになる）ようになった。先生はこれをもって

力政（力によって支配する）が義政に変わった

とされている。我国は義政の国家となった。安岡先生独自の神話解釈である。

安岡先生は、ここから天皇の「御本質」に筆を進められている。

「大神の自己反省の結果、茲に統治の世界（すめらみくに）が生まれたのである。天照大神の御子孫たる天皇の御本質も亦ここに在ることを悟らねばならぬ。天皇の照臨はとりもなほさず自覺の生活を意味し、天皇の威德に依つて政治の世界（眞正の意味に於ける國家）

が存立する。政治は正し治めること——歪亂の整齊を表す文字で、直に道徳的意義を持つて居る。政治の世界——國家は、達徳の世界——人格に外ならない。人格は性（我）の自己發展である。そは渾沌より道徳的意識を創造し、善を善とし、惡を惡たらしめる。天皇は是の如き最深最奥の意味に於ける性（我）である。そは渾沌の社會より政府を創造し、『亂を撥《をさ》めて正に反さ』しめる。故に政府は其の本質上人間の良心に當らねばならぬ。民衆は之に對して一般要求を表象するものである。」（三七五）

安岡先生が『日本精神の研究』を刊行された当時、日本では労働運動・農民運動が昂揚し、社会主義・共産主義・無政府主義が社会不安を引き起こしていた。

日本共産党は

天皇制打倒

を掲げていた。安岡先生は『日本精神の研究』の中で、革命に対する姿勢を明確にしておられる。先生によれば、天皇は善悪を超越した絶対的存在である。天皇は無限の創造者である。

「然るに一般國家に在つては、その政治生活上政府より以上の位——創造的自由我を表現する天皇の様な至位が無い爲に、革命はいつも政府若しくは主權者たる皇帝を倒すことになるのである。つまり國位の最深最奥の性（我）がまだ政府組織の上に表現されて居ない。その表現されて居るのは獨りわが天皇あるのみである。之を以てしても日本が國際間に於て最高の道德的國體を有することが判明するであらう。」（三七七）

「そこで日本に於ては、革命は必ず天皇より出でなければならぬ。（三七七）

これが安岡先生の革命論である。明治維新が模範的事例である。

「革命を遂行して新なる局面を新開するは天德である、天皇の御威德である。日本に於て、革命は政府が天意に叛いた廉を以て天譴を蒙ることである。事實日本に於て錦旗に弓を引く様な大逆無道を敢てする革命は到底成功することが出來ない。」（三七七）

日本に於ては錦旗に叛く革命は成功しない。

「かくて天皇は無限の創造者である。最高の統一者である。天皇の内容は卽ち國家で、此の意味にてまさしく『朕卽國家』といふことが出來る。朝な夕な人人が奉仕して居る胸奥の見えざる神に對して、天皇はげに『あきつみかみ』である。限りなき理想、斷えざる向上は天皇の本質である。そしてその理想この向上を研究の對象とするものが卽ち帝王學であると思う。」（三七八〜三七九）

これが「天皇と国家」の結論である。

三　明治天皇

『日本精神の研究』の最後は「明治天皇」である。その冒頭の文章には、「天皇と國家」で明らかにされた天皇の「天徳」が、明治天皇のご威徳として記されている。「天皇と國家」では抽象的であった天徳が、「明治天皇」においてはより具体的になり、理解し易くなっている。

「日本を思ひ、天皇を思うて、私ははしなくも明治天皇の御聖徳に鑚仰の情うたた切なるを覺える。天皇は現代日本人に眞に天徳の何たるかをお示しになつた御方である。明治元年萬民保全の大詔に、

『我國未曾有ノ變革ヲ爲サントシテ朕躬ヲ以テ衆ニ先ンシ天地神明ニ誓ヒ大ニ斯ノ國是ヲ定メ萬民保全ノ道ヲ定メントス衆亦此ノ旨趣ニ基キ協心努力セヨ』

と仰せられて居る。是れ實に日本革命の天徳を體現せられた尊い詔である。天皇の御生涯はかくして最も鮮やかに理想の欣求であり、日本國家の人格的發揚であつた。そして更に禮讃の念をいやますものは、その崇高なる御生活に伴ふ偉大なる御自覺である。凡そ理想に生きる者は同時に自らの理想を内觀し、自らの智慧に依つて之を照見せねばならない。」（三七九～三八〇）

> 理想の欣求／日本國家の人格的発揚／崇高なる御生活に伴ふ偉大なるご自覺
> 自らの理想の内観／自らの智慧による理想の照見

これが明治天皇の天徳であり、日本の天皇の天徳である。恐れ多くも我々は、この天徳を大

正天皇にも、昭和天皇にも、上皇さまにも、今上天皇にも拝見することができる。それが皇統であり、皇室の伝統である。

さらに安岡先生は、明治天皇の御生涯に「仁」と「勇」を見ておられる。これは三種の神器の天徳である。

「天皇の御生涯は直に大いなる仁であり、勇であるとともに、その深遠なる御自覺、知的直観が、露堂々に天皇の御製に溢れて居る。天皇の御製こそは世の何人も作り得ぬ天衣無縫の作であり、小ざかしい人間的技巧の跡を全く絶つた天然自然の大作である。」（三八〇）

先生は、「國家的信念そのものの直接響く御製」としての次の作を挙げられている。

さためにしそのはしめより葦原の國のさかえは神ぞまもるらむ

葦原のとほつみおやの宮柱たてそめしより國は動かず

五十鈴川きよき流の末くみてこころを洗ふあきつしま人　（三八〇）

次は、「強い国家的信念がそのままに莊嚴な祈となっている」御製である。

うけつきし國の柱の動きなくさかえ行く世をなほいるのかな
とこしへに民安かれと祈るなる我が世を守れ伊勢の大神（三八〇〜三八一）

次は、天皇の「雄大な理想的精神の深き根底」を歌われた御製である。
いにしへの文見るたびに思ふかなおのがをさむる國はいかにと
ためしなく開けゆく世を見ることもみちひく神のあはれなりけり
山を抜く人の力もしきしまのやまと心ぞもとゐなるべき（三八一）

いそのかみふるきためしをたつねつゝあたらしき世のこともさだめむ
わが心いたらぬ隈もなくもかなこの世を照す月の如くに
あさみどりすみわたりたる大空のひろきをおのがこころともかな
久方の空にはれたる富士の嶺のたかきを人のこころともかな
さしのぼる朝日のごとくさはやかにもたまほしきは心なりけり（三八一）

政務に精励されていた天皇も始終御胸中に「山水」を懐かれていた。

としとしに思ひやれども山水を汲みてあそばん夏なかりけり　(三八二)

次は、「日露戦争の時の御感懐」を詠まれた御製である。安岡先生は、「無我の人格からでなければ真の大勇は發しない」とされている。

四方の海みなはらからと思ふ世になど波風のたち騒ぐらん　(三八二)

次は、天皇の「苦衷の崇高な境地」を詠まれた御製である。

夏の夜もねざめがちにぞ明かしけるよのためおもふ事おほくして　(三八三)

最後に先生は、孝明天皇の御製を掲げられている。

ぬば玉の終宵《よすがら》冬の寒きにもつれて思ふは國民のこと

あぢきなや又あぢきなや芦原の頼む甲斐なき武藏野の原　(三八三)

我々は今、明治天皇と孝明天皇の御製を通して天皇の崇高な理想的精神に接することが出来た。安岡先生は『日本精神の研究』を次のように結ばれている。

「思へば建國の昔より日本は理想的精神の炎々たる國であり、國土も神州の自覺を負うて居る。三種の神器は永遠に至上國家の英靈を象徴し、天皇は最深最奥の日本我を表現して居られる。」（三八四）

我々は、こういう日本国に生を受けたことを無上の悦びとしなければならぬ。

このたび、元号が「平成」から「令和」に移るに当って、天皇陛下御即位三〇年記録集『道』が宮内庁より発刊された。そこには上皇さまの平成二一年から平成三一年の御製が記されている。まさに上皇さまの天徳が象徴されている御製である。

第六章　『日本精神通義』安岡正篤先生の天皇論必読の書（Ⅱ）

Ⅰ　日本人の心・生命の歴史を明らめる

『日本精神通義』は、安岡先生の四部作の最後として一九三六年（昭和一一）一二月一日に刊行された。その序には次のように記されている。

「日本は今や有史以来の世界的局面に高歩《こうほ》を進めて、真に内外多事であります。疲れてはなりません。荒んでは大変であります。それには切迫した当面の軍事や経済問題などにばかり気をとられて、衷《うち》なる心をおるすにしたり、歴史的反省を忘れたりすることを深くいましめなければなりません。この意味において、日本の心の歴史―生命の歴史、中でも大切な神道と儒教や仏教の交渉・発達の道を明らかにして、今日やかましい東洋主義と西洋主義・日本精神の真義を論じてみました。」（Ⅵ）（出所：『日本精神通義』安岡正篤、一九九三年、黙出版）

ここで「切迫した当面の軍事や経済問題」とは、一九三六年一月に日本は、ロンドン海軍軍縮会議から脱退、二月には皇道派青年将校らが反乱を起こし、斎藤実内大臣、高橋是清蔵相らを殺害した。いわゆる二・二六事件である。一一月には日独防共協定が締結された。東北の凶作により農家の娘の売買が問題化した。労働運動が高まりメーデーは禁止された。

安岡先生は、国民がこういう問題にばかり気をとられて、心がおろそかになることを憂慮され、日本の心の歴史・生命の歴史・日本精神の真義を明らかにするため『日本精神通義』を著わされたのである。安岡先生は、序の中で次のように問題意識を提起されている。

「神ながらの道や、儒教、仏教など、日本人の心となり体となっていること久しいものでありますが、これはいかようにして推移してまいったのでありましょうか。どうして日本人はこれほど常々至るところ、神々を祭るのであるか。なぜ、伝教大師や弘法大師が叡山や高野山に仏教を興したのか。法然、親鸞はどういう人、日蓮宗はどこに真骨頭《しんこっとう》があるか、キリスト教が迫害されたわけは、さらに今日、有為な青年が矯激《きょうげき》に走る次第はなにか。」(Ⅵ)

ここで安岡先生は神ながらの道という言葉を使われている。当時の世の風潮を見ると、極端な日本主義者、国家主義者が声高に「神ながら」を唱えて国民を煽動していた。又、美濃部達吉博士の「天皇機関説」が攻撃の的となり、自由主義的な思想が圧殺されていた。

このような世相の中で安岡先生は

日本精神の源流を辿り、日本精神の真髄を究める

という壮大な計画に挑まれたのである。それが『日本精神通義』の刊行となった。

Ⅱ　日本精神の源流

一　古神道の勃興

（一）歴史の枢軸を貫く神道

安岡先生は、『日本精神通義』の冒頭において、

わが国の歴史の枢軸を貫くのは神道である

と次のように明言されている。

「日本の歴史を通観しておりますと、ちょうど、分家・姻戚・縁者、それからそれへと大きく拡がっている旧家の中でも、厳乎としてその根幹をなして続いている宗家の血統があるように、儒教、仏教、キリスト教などいろいろな文化の交渉や融合、発達がありますが、この中に遠く神代の昔から連綿として、わが国の歴史の枢軸を成して発展してきているのは、実に神道であります。」（二）

神道は、安岡先生が『日本精神通義』で辿られている日本の心の歴史・生命の歴史を一貫して流れる日本精神の根本義である。その心の歴史・生命の歴史は、『日本精神通義』の目次の展開を見ると全体的に俯瞰できる。

Ⅱ　日本精神の真髄

一　東西文化の本質的な比較
二　日本精神の本義とは何か
三　国粋主義の反省と日本精神

即ち神道は、儒教、道教、仏教、仏教的神道、新儒教、宋学、キリスト教、国学、武士道という日本精神の流れに貫かれている。神道は、聖徳太子、最澄、空海、法然、親鸞、道元、日蓮、勤王の学者、国学者の流れに貫かれている。この神道の根本観念を安岡先生は、次のように記されている。

「『生命尊重―偉人崇拝―英霊崇拝―人間感化―世道興隆』があくまでも神道の根本観念であることを忘れてはなりません。」（四～五）

安岡先生によると、日本民族は元来、生命を尊重する特性をもっている。そこから偉人崇拝・英霊崇拝が生まれ、偉人が人間を感化し、世の中が興隆してきた。

生命尊重—偉人崇拝—英霊崇拝—人間感化—世道興隆

この神道の根本観念を念頭に置いておくと、『日本精神通義』が理解できるようになる。

（二）『古事記』：むすびの神—創造のはたらき

『日本精神通義』の本文は、まず『古事記』『日本書紀』に始まっている。つまり安岡先生によれば、日本の心の歴史・生命の歴史はこの二つの国書が源となっている。根本義は神である。

その日本民族の神のはたらきを理解するため、先生は

『古事記』の冒頭を静読深思

するよう勧められている。ここで『古事記』のその部分を引用してみる。

別天つ神五柱

天地《あめつち》初めて發《ひら》けし時、高天《たかま》の原に成れる神の名は、天之御中主神《あめのみなかぬしの》。次に高御産巣日神《たかみむすひの》。次に神産巣日神《かみむすひの》。この三柱《みはしら》の神は、みな獨神《ひとりがみ》と成りまして、身《み》を隱《かく》したまひき。

次に國稚《くにわか》く浮きし脂《あぶら》の如《ごと》くして、海月《くらげ》なす漂へる時《とき》、葦牙《あしかび》の如く萌《も》え騰《あが》る物によりて成れる神の名は、宇麻志阿斬訶備比古遲神《うましあしかびひこぢの》。次に天之常立神《あめのとこたちの》。この二柱《ふたはしら》の神もまた、獨神と成りまして、身を隱したまひき。

上《かみ》の件《くだり》の五柱《いつはしら》の神は、別天《ことあま》つ神。

神世七代

次に成れる神の名は、國之常立神《くにのとこたちの》。次に豊雲野神《とよくものの》。この二柱の神もまた、獨神と成りまして、身を隱したまひき。

次に成れる神の名は、宇比地邇神《うひぢにの》、次に妹須比智邇神《いもすひぢにの》。次に角杙神《つのぐひの》、次に妹活杙神《いもいくぐひの》。次に意富斗能地神《おほとのぢの》、次に妹大斗乃辨神《いもおほとのべの》。次に於母陀流神《おもだるの》、次に妹阿夜訶志古泥神《いもあやかしこねの》。次に伊邪那《いざな》岐神《きの》。次に妹伊邪那美神《いもいざなみの》。

上《かみ》の件《くだり》の國之常立神《の》以下《よりしも》、伊邪那美の神以前《よりさき》を併《あは》せて神世七代《かみよななよ》と稱《い》ふ。上の二柱の獨神は、各一代と云ふ。次に雙《なら》へる十神は、各二神を合はせて一代と云ふ。

伊邪那岐命と伊邪那美命

国土の修理固成

ここに天《あま》つ神諸《もろもろ》の命《みこと》もちて、伊邪那岐の命、伊邪那美の命、二柱の神に、「この漂へる國を修《おさ》め理《つく》り固《かた》め成《な》せ。」と詔《の》りて、天《あめ》の沼矛《ぬぼこ》を賜《たま》ひて、言依《ことよ》さしたまひき。故《かれ》、二柱の神、天《あめ》の浮橋《うきはし》に立《た》たして、その沼矛を指《さ》し下《お》ろして畫《か》きたまへば、鹽《しほ》こをろこをろに畫《か》き鳴《な》して引き上げたまふ時、その矛の末《さき》より垂《しただ》り落つる鹽、累《かさ》なり積もりて島と成りき。これ淤《お》能碁呂島《のごろじま》なり。（出所：『古事記』倉野憲司校注、一九六三年、岩波書店）（一九～二〇）

『古事記』に馴染みのない人にとっては、この文章は、単なる神の名の羅列にしかすぎない。

しかし安岡先生は、この神話の中に

「日本民族の創造的精神」

を読み取られている。その精神とは

むすび

であり、『日本精神通義』を理解する根本義なのである。『古事記』の最初に登場する神の名は

あめのみなかぬしの神／たかみむすびの神／かみむすびの神

の三柱の神である。ここに二つの「むすびの神」の名が出てくる。むすびは、安岡先生が神道の中で殊に重視されている精神で、次のように解説されている。

「この物を造り、不思議な作用をなす造化の力を『むすび』（産霊《むすび》、産巣日《むすび》、産日《むすび》。日も霊も『ひ』で、『むす』は化生という意味。産《うむ》や巣《す》をあてたのは面白い）と称するのであります。そして、ここにさまざまな『むすびの神』を信仰いたしました。その最も大宗は『たかみむすびの神』と『かみむすびの神』とありますが、その外に著しい二、三の神々を挙げますと、まず、『たまつめむすびの神』（玉留産日神）があります。これは肉体に生命霊魂を宿らせる神、すなわちこの身に生命霊魂となって現れた神であります。これを生み育てるのは『いくむすびの神』（生産日神）であり、これを調和満足させるのが『たるむすびの神』（足産日神）であります。」（七～八）

「むすび」とは造化の力である。

(三) 国土の修理固成―日本の国土誕生

このような考えに立てば、「むすび」は宇宙万物の根源的な力ということが出来る。「むすびの神」は宇宙万物を創造する神なのである。

『古事記』によれば、天つ神は、いざなぎの命といざなみの命に

「この漂へる國を修《おさ》め理《つく》り固《かた》め成《な》せ」（この漂っている地《くに》を修めまとめ固めなさい）

と云われ、アメノヌボコ（天の沼矛）を授けられた。そこで、いざなぎの命がヌボコを下ろして漂う海をかきまぜ引き上げると、ホコからしたたり落ちた塩が積もり積もってオノコロ島になった。これが国土の「むすび」である。古代の日本民族は、国土にも「むすび」を見て崇拝の対象としたのである。

『古事記』では、これに続いて「大八島国の生成」についての神話がある。大八島《おおやしま》六島《むしま》はみないざなぎと、いざなみの神より生まれたものである。

こうして

大八島国《おおやしまのくに》

が誕生した。日本の国土誕生である。神の「むすび」は、日本の国を生んだ。

(四)『日本書紀』:神武天皇、橿原宮に即位

安岡先生は、『古事記』からさらに『日本書紀』に論を進められ、『日本書紀』神武天皇の巻を次のように要約されている。

「人皇《にんおう》第一代、始馭天下之天皇《はつくしらすすめらみこと》である神武天皇は、天業《てんぎょう》を恢弘《かいこう》し、天下に光宅《こうたく》するに足るべき地を求めて、日向より東征し、『吾れ必ず鋒刃《ほうじん》の威を借らず、坐《い》ながらにして天下を平げむ』(日本書紀)との人道的大理想をいだき、幾多の辛酸を経たのちに大和《やまと》の橿原《かしわばら》に、上はすなわち乾霊国《あまつかみくに》を授けるの徳に答え、下はすなわち皇孫養正《こうそんようせい》の心を広めようと、都を定めたのを紀元元年として、大和を中心に次第に皇化は広まったのであられます。」(八〜九)

吾れ必ず鋒刃の威を借らず、坐ながらにして天下を平げむ

武力によらず平和的に天下を治めた。安岡先生によると、日本民族はこのようにして

祖先を尊び／伝統を重んじ／帰服者を寛容し敬重する美質

を備えていったのである。この美質は『日本書紀』神武天皇の巻の随所に記されている。

（五）日本人の神の観念

さらに続いて安岡先生は、日本人の神の観念に論を進めておられる。

「ここにまた深く留意すべきことがあります。それは、日本国民の神の観念についてであります。ちょっと考えると諸方の原始民族と変わらず、日本人も生気崇拝、自然崇拝、庶物崇拝を出ない素朴な多神教のようにとれるのでありますが、実は単に何かしら超人的な威力ある者、不思議な恐ろしいものをすべて神とするという観念があります。さらに、一面、われわれ人間のすぐ上《かみ》にあるもの、影身《かげみ》に添うものというように親しく考えられ、人

物を神格化すると同時に、神を人格化し、神人合一の自由で微妙な心情を持っており、また、氏族と皇室、皇室と造化の神との有機的統一は、キリスト教のような一神教の天主とか世界の主とかいうかけ離れた神の信仰とはまるで違って、天神《あまつかみ》―国神《くにつかみ》―祖神《みおやがみ》の間に何の矛盾もない。国家の紀元もべつだん宗教的起源によらず、教権と政権ともいっこうにヨーロッパのような扞格《かんかく》を生ずるわけがないのであります。実にありがたい不思議な国家ではありませんか。」(一〇～一一)

留意すべきは、先生が

> 氏族と皇室、皇室と造化の神との有機的統一
> 天神―国神―祖神との間に何の矛盾もない

と指摘されていることである。氏族と皇室、高天原の神とは一体である。高原の神と国の神、先祖の神との間には何の矛盾もない。従って日本人は、自然の心情から祖先を敬い、皇室を敬っている。日本国家の紀元も神武紀元から始まっている。先生は次のように記されている。

「天照皇大神はだんだんと宇宙の最も神秘な、そして人間に最も親しい太陽神としての崇拝と、また民族の最も偉大な統率者、皇室の御祖先としての崇拝とが合体して、民俗信仰の中心とならせられたのであります。」（二〇）

天照皇大神は民族信仰の中心である。その意味で、キリスト教の神、イスラム教の神、ユダヤ教の神とは全く異質である。

㈥　神ながらの道

天と地が初めて現れたとき、高天原に成り出た神は天之御中主神《あめのみなかぬしのかみ》である。次に高御産巣日神《たかみむすびのかみ》、次に神御産巣日神《かみむすびのかみ》が成り出た。この三神は別天神《ことあまつかみ》と呼ばれている。高御産巣日神は「あらみたま」（荒魂）、すなわち荒く猛き神霊であり、神御産巣日神は「にぎみたま」（和魂）、すなわち柔和・情熱などの徳を備えた神霊である。安岡先生によると、

「『あらみたま』すなわち荒神は霊魂の活動派生、猛進、奮闘のはたらきであり、『にぎみ

たま』すなわち和魂はその守静、調節、平和、交歓のいとなみであります。両者は相待《そうたい》不二《ふじ》のものとすると同時に、また、自ずから分かち、別々にこれを祭っております。」（一二）

あらみたまの祭が「みたまふり」であり、にぎみたまの祭が「みたましずめ」である。合わせて、

鎮魂祭《ちんこんさい》

と云う。この鎮魂祭は、ただ神の魂を鎮めるための祭ではない。安岡先生によると

「人は『みたまふり』によってよく勇を鼓舞し、生活を打開向上せしめ、『みたましずめ』によってよく優情や叡智を養って、人生をまっとうし、神ながら（惟神、神髄）に進めるのであります。」（一四）

人は、この「神ながらの道」に歩を進めなければならないのである。「神ながらの道」とは、神代から伝わってきている道、神慮のままに人為を加えない道である。安岡先生は、常々この

「神ながらの道」を重んじておられる。「神ながらの道」は日本の歴史の枢軸を貫いている。

（七）祭祀の由来

宇宙・万物の永遠の世界から見ると、人間はきわめて卑小な存在である。それゆえわれわれは、自分の拠ってきたる偉大なるものに接するとき、これを尊び、崇め、敬い、奉ずるのである。同時に自己の卑小な存在を懼れ、慎み、よこしまな心を恥じるようになる。これが神の生ずる精神的根柢であり、ここから「みそぎ」「はらい」が生まれ、「神事」「祭祀」が整えられてくる。

これを家庭でみると、親と子の道は人倫の基本である。親は、子に慈愛をそそぎ、育て、教育する。子は親を敬い、大切にする。親との別れにあっては丁重に弔い、親の恩に感謝し、生前を偲ぶ。これまでの至らなさを詫び、追善のための供物を捧げる。これが家庭祭祀である。

同様に日本民族には、氏族や部族などの祖宗の祭祀があり、偉人・英雄・教祖などの祭祀がある。

このような祭祀の中でも、日本民族で至高な祭祀が皇室祭祀である。

（八）皇室祭祀の由来と意義

安岡先生は、皇室に対して極めて厚い尊崇の念をもっておられ、皇室祭祀の由来として次の三つの神勅を挙げられておられる。

（一）御鏡《みかがみ》（宝鏡）の神勅
（二）神籬《ひもろぎ》の神勅
（三）齋庭《ゆにわ》之穂《いなほ》の神勅

①御鏡《みかがみ》の神勅

天照大御神《あまてらすおほみかみ》は、天孫降臨に際して、天稚彦《あめわかひこ》に次のように勅《みことのり》された。

「豊葦原中国《とよあしはらのなかつくに》は、是吾《これわ》が児《みこ》の王《きみ》たるべき地《くに》なり。然《しか》れども慮《おもひみ》るに、残賊強暴横《ちはやぶる》悪《あ》しき神者《かみども》有《あ》り。故《かれ》、汝《いまし》先《ま》づ往《ゆ》きて平《む》けよとのたまふ。」

（出所：『日本書紀』（一）坂本太郎・家永三郎・井上光貞・大野晋、一九九四年、岩波書店）（一二四）

「吾《わ》が児《こ》、此の宝鏡《たからのかがみ》を視《み》まさむこと、当に吾を視るがごとくすべし。与《とも》に床《ゆか》を同《おなじ》くし殿《おほとの》を共《ひとつ》にして、斎鏡《いはひのかがみ》とすべし」とのたまふ。」（同）（一四二）

これが、第一の神勅—御鏡の神勅の由来である。これは、

伊勢神宮の由来

となっている。

②神籬《ひもろぎ》の神勅

高皇産霊尊《たかむすびのみこと》は、神事の主催者である天児屋命《あまのこやねのみこと》に次のように勅《みことのり》された。

「吾は天津神籬《あまつひもろぎ》及《およ》び天津磐境《あまついはさか》を起し樹《た》てて、当《まさ》に吾孫《すめみま》の為《ため》に斎《いは》ひ奉《まつ》らむ。汝《いまし》、天児屋命・太玉命は、天津神籬を持《たも》ちて、葦原中国《あしはらのなかつくに》に降《くだ》りて、亦吾孫《またすめみま》の為に斎ひ奉れ」とのたまふ。

（前出『日本書紀』）（一四〇）

これが、第二の神勅—神籬の神勅の由来である。

「ひもろぎ」とは、古人が神霊の宿っていると考えた山や森、大木などの周りを常磐木で囲み、神聖さを保った区域のことであるが、「みたましろ」(御霊代)といって神霊に代えて祭るもの、ご神体をさすこともある。そして、神の鎮座する施設・区域が「いわさか」(磐境)である。この「ひもろぎ」(神籬)と「いわさか」(磐境)について、安岡先生は次のように記されている。

「日本民族の祖先は決して利己主義、殺那主義、唯物主義的享楽主義者ではなかったのでありります。彼らは皆その子孫のため、国家のために、信仰の崇卑《すうひ》こそあれ、それぞれ磐境《いわさか》を起こし、神籬《ひもろぎ》を樹《た》てんことを念願してきたのであります。日本人たるものは永久に、汝《いまし》神籬および磐境より国津神籬および磐境を、すなはち、個人的信仰生活より団体的信仰生活に、団体的信仰生活より皇国的信仰生活にまで高まらなければなりません。」(一九)

この「神籬」「磐境」の信仰は、やがて宮中祭祀となり、神社神道に展開してゆくのである。

③斎庭之穂《ゆにわのいなのほ》の神勅

「神籬」の神勅が勅された後、天照大御神は、宝鏡を天忍穂耳命に授けて次のようにのたまわれた。

「吾が高天原《たかまのはら》に所御《きこしめ》す斎庭《ゆには》の穂《いなのほ》を以て、亦吾が児《みこ》に御《まか》せまつるべし」とのたまふ。（前出『日本書紀』）（一四二）

これが第三の神勅――斎庭之穂《ゆにわのいなほ》の神勅の由来である。

神宮の神嘗祭、さらに皇室の新嘗祭、大嘗祭はこの神勅に基づいている。

神嘗祭／大嘗祭

このたびの今上天皇のご即位に当って我々日本人は、その深遠崇厳な歴史的祭祀に接することができる。われわれは、皇室祭祀の国家的意義を改めて認識する必要がある。皇室祭祀と云っても、それは単なる天皇家の私事にとどまるものではなくして、国家の祭祀であり、天皇によってとり行われるのである。

皇室祭祀は国家の祭祀である

ここが重要である。問題は、今上天皇ご即位後の最初の大嘗祭が天皇家の私事としてとり行われることである。

（九）天照皇大神の信仰

『日本書紀』神武天皇四年二月の条に、天皇による詔の記述がある。

詔《ことよさ》して曰《のたま》はく、「我《わ》が皇祖《みおや》の霊《みたま》、天《あめ》より降《くだ》り鑒《み》て、朕《わ》が躬《み》を光《てら》し助《たす》けたまへり。今諸《もろもろ》の虜《あたども》已《すで》に平《む》けて、海内《あめのした》事無《ことな》し。以て天神《あまつかみ》を郊祀《まつ》りて、用《も》て大孝《おやにしたがふこと》を申《の》べたまふべし」とのたまふ。乃《すなは》ち霊畤《まつりのには》を鳥見山《とみのやま》の中《なか》に立てて、其地《そこ》を号《なづ》けて、上小野《かみつをの》の榛原《はりはら》・下小野《しもつをの》の榛原と曰《い》ふ。用《も》て皇祖天神《みおやのあまつかみ》を祭《まつ》りたまふ。（前出『日本書紀』）（二四二）

皇祖天神

神武天皇が、「霊畤」（まつりのには）、すなわち祭壇を鳥見山の中に立てて

を祭られたのである。天照大御神の信仰の始まりである。安岡先生は記されている。

「天照皇大神はだんだんと宇宙の最も神秘な、そして人間に最も親しい太陽神としての崇拝と、また民族の最も偉大な統率者、皇室の御祖先としての崇拝とが合体して、民俗信仰の中心とならせられたのであります。」（二〇）

ここにおいて皇室祭祀の根本にある天照皇大神と民衆の神社信仰の中心にある天照皇大神が結びついてくる。

（一〇）天縦の神聖

安岡先生は、これまで記述してきた古代日本の純神道時代を省察されて、日本民族の「かみながらの道」を次のようにまとめておられる。

一　日本民族は世界をありのままに見て少しも僻《ひが》んだところがありません。

二　「かみの道」はすなわち「むすびの道」であることを信じ、死滅や災禍にあまり拘っていません。
三　人は「かみ」の「むすび」による「むすこ」「むすめ」であり、「ひこ」「ひめ」であって、人の道は「かみながらの道」であるとし、死滅や災禍と同様、邪悪にもあまり拘っていません。いかにも清明快活、寛容であります。
四　したがって、直ちに神に参り、神を祭る行を旨として煩瑣な観念や議論を事としません。いわば、立徳《りっとく》・立功《りっこう》主義で、立言《りつげん》主義ではありません。「神ながら言挙《ことあ》げせぬ」国なのであります。
五　「かみの道」は「すめらぎの道」であり、「すめらぎの道」は「みおやの道」であり、したがって祭政一致、忠孝不二《ふじ》で本来矛盾がありません。

安岡先生は、この「かみの道」を

万邦無比の特質／天縦の神聖

と評しておられる。「天縦の神聖」とは、山鹿素行の言葉である。安岡先生は、このような省察に基づいて、古代日本の純神道時代の「かみの道」が日本の歴史の枢軸を貫いている、とされているのである。

二　日本文化と神の道

（一）儒・道・仏教の伝来

我が国と大陸との交流は神代から行われていたようであるが、それが文献上あらわれてきたのは、第一五代応神天皇以後のことである。因みに大陸から伝来した文化の事例を示してみる。

五世紀初め：儒教・易・暦・医・天文・機織が伝わった
五一三年：百済が五経博士を献じた
五三八年：仏教伝来。百済の聖明王が仏教・経典を献じた。（『日本書紀』では五五二年）
五五四年：百済より医・易・暦の博士が渡来した
五五七年：百済より経論・律師・禅師・仏工・寺工が渡来した

このような大陸文化の伝来は、日本の仮名の発明と学制の始まりに貢献した。安岡先生は、「平仮名」の発明について『日本精神通義』で次のように記されている。

「それは日本民族性にもすこぶる合致するものでありました。わが日本人はこれ幸いとどんどんこれを利用したばかりでなく、この文字の覚え難く、用い難い一面を補うため、これを巧みにくずして平仮名を作り、それをばまたもっと便利に、いつの間にか片仮名を作るようになりました。これは決して弘法大師一人の発明によるものではなく、長年の間に民間の識者がだんだんこしらえあげてしまったのです。そして漢字に自由に仮名をふり、仮名でものたらぬところは漢字を当てはめ、最初には棒読みしていた漢文も、奈良朝頃には立派に訳読するような天才的芸当を演じました。」(二八)

文字の普及は日本民族の教養を高め文化の向上に貢献した。『歴代天皇年号事典』には次のように記されている。

「近江朝では亡命貴族を教官とする大学《だいがく》ができたといわれ、『懐風藻《かいふうそう》』でも大友皇子の漢詩《かんし》が最も古く、天智天皇九年（六七〇）に日本最初の全国的な戸籍《こせき》である庚午年籍《こうごねんじゃく》が作製されたのも、地方の役人まで漢字を書けるようになったためと考えられる。『万葉集《まんようしゅう》』では舒明《じょめい》朝から天智朝ころにかけての歌が、漢字を書けるようになった最初の作品群といわれ」（出所：『歴代天皇年号事典』編者木田雄介、二〇〇三年、吉川弘文館）（八八）

「令和」の新元号は『万葉集』が典拠となっているが、舒明朝は六二九〜四一年、天智朝は六六八〜七一年である。この頃には、わが国でも漢字が相当普及していた事実が記されている。天武天皇（在位六七三〜八六年）の時代には都だけでなく、地方にも大学が設けられ、四書五経をはじめとする儒教の書や、『史記』『漢書』などの歴史書が講じられた。その講義書を見ると、日本の指導者は、すでに奈良朝の時代から儒教の薫陶をうけていたことが理解できる。

「それに仏教が伝来し、天武天皇の御代、諸国に仏寺を作らせ、大宝二年（七〇二）には国師を配置し、聖武天皇の御代には有名な国分寺が創建されるにしたがって、ここに京より派遣される講師、寺僧から任命される読師らが仏教ばかりでなく、盛んに儒書の講義もいたしました。これらのことは広く朝野に大きな思想的影響をおよぼしたことは申すまで

もありません。」（二九〜三〇）

このように飛鳥・奈良朝時代における仏教の影響力の大きさを読み取ることができる。

（二）儒教、道教の思想と神の道

応神天皇の一六年、百済の王仁が

『論語』一〇巻と『千字文』一巻

をわが国にもたらした。これが、文献上明らかになっている初めての儒教伝来で、その後今日に至るまで、儒教は、わが国の政治から社会、文化、教育、道徳まで多大な影響を与えている。

安岡先生は、儒教の説く天地の生成化育（造化）の営みから「仁」「礼」「孝」の人倫の道、さらに祖先崇拝・祭祀に論を進められている。

「天地は万物の調和でありますように、人間の仁徳はやはり一切を調和し組織するものでなければなりません。この意味において、彼はまた『礼』ということをやかましく重んじました。調和あり組織あるところに生命の存続発展があります。人はこの組織脈絡の枢機を握って、往《おう》を継ぎ、来《らい》を開くものでなければなりません。これ孝の大切な意味でありまして、人は自ずから祖先を崇敬し、子孫を尊重し、常に祖先を在り日さながらに誠を尽くして祭るものであります。」(三二)

即ち孝と祖先崇拝・祭祀とは、分かち難いものなのである。儒の道と神の道は結びついている。

「してみれば、『かみの道』を『むすびの道』に重んじ、『人の道』を『神《かん》ながら』に置き、『みおやの道』『まつり』を尊ぶ日本民族にこれが契合《けいごう》し、随喜《ずいき》せられるゆえんは明瞭でありましょう。」(三二)

孔子だけではなく、孟子、荀子も「仁義」「礼義」の道を説いている。安岡先生によると、これら儒家の説くところは、

「みたまふり」「みたましずめ」の道に合致するものである。

それはただ個人道徳の次元に留まるものではなく、さらに家庭生活、国を治める道にも通じるものである。

「それればかりではなく、彼らの教えは個人道徳に止まらずして、家庭道徳を力説し、治国平天下を理想とするもので、道徳をそのまま政治にまで拡げ、政治を技術化しないであくまでも道徳に即せしめ、したがって政治と祭祀とも不可分にしたものでありますから、これまた、大いにわが国情と共鳴するところがあったのであります。」(三二)

儒家と対照的なのが道家の思想であるが、安岡先生は、道家にも「神ながらの道」を認めておられる。道家は、人為を否定し、道徳を否定する。

「だから、驚異すべき自然の神秘にも触れることをことさらに避けたり、さまざまな人間本具《ほんぐ》の性情をひたすら抑えつけたりしないで、小児のように生き生きと驚異し、願望しました。それだけに末輩ほどこれは迷信的になり本能的になる弊害が盛んになりますが、それはとにかくとして、これまた、わが古神道の『神ながら』にそのまま符合するものではありませんか。」（三五）

道家は、人為・道徳を否定するが、自然の神秘、人間本具の性情を重んじる。人児・嬰児は、生まれたままの本能そのままに環境に反応する。成人のように既成概念にとらわれることはない。それが「神ながらの道」に合致するのである。

道教も古神道の神ながらの道に合致する

「古神道」に深い意味がある。

（三）聖徳太子の仏教帰依と神道精神

仏教の伝来は、その後の日本文化の形成に決定的影響を与えた歴史的出来事であった。『日本書紀』によれば、欽明天皇の一三年（五三八）、百済の聖明王が金銅の釈迦像一体と幡蓋・経論を献じた。この仏教の伝来について安岡正篤先生は、『日本精神通義』の中で次のように指摘されている。

「このことは朝野に大きな衝撃を与えました。さまざまな神を崇拝し、素朴な『ひもろぎ』の信仰を持ち生命を愛する日本人に、七宝荘厳の仏像や、その礼拝形式はいかに驚嘆の情を刺激したことでありましょう。神ながら言挙《ことあ》げせぬ性質に形容詞豊かな想像と論理の大じかけな経論の説明はどんなに感動を与えたことでありましょう。初めて聞く数々の仏たちのことは自ずから諸々の神々を連想せしめたでありましょう。さればこそ、始めはこれを蕃神《ばんしん》となり国の神と申したのであります。これが朝廷の帰依を得て、その外護の下にほとんど行政上の大問題として弘通《ぐつう》せしめられたために、たちまち仏教は日本にどんどん興隆いたしました。」（四二）

仏教がなぜ日本人に受け入れられたのか。
仏教がなぜ国の神となったのか。

仏教がなぜ朝廷の帰依を得たのか。

その後仏教がなぜ日本で興隆したのか。

安岡先生はこれを日本人の

ひもろぎの信仰／神ながら言挙げせぬ性質

に求めておられる。これは『日本精神通義』を一貫して流れている基本的精神である。

推古天皇は、即位（五九二年）と共に、厩戸豊聡耳皇子《うまやどのとよとみみのみこ》（聖徳太子）を立てて皇太子とし万機を委ねることとした。翌推古二年、天皇は三宝興隆の詔を発し、推古一二年（六〇四）には、聖徳太子によって憲法十七条が発布された。その第二条には

篤く三宝を敬え

とある。

さらに聖徳太子は天皇の御前において

勝鬘《しょうまん》経／法華経《ほっけきょう》

をご進講、次いで勝鬘経疏《しょうまんきょうしょ》、維摩経疏《ゆいまきょうしょ》、法華経疏《ほっけきょうしょ》の『三経義疏』を著わした。このように聖徳太子の仏教帰依には並々ならぬものがあったが、安岡先生は、太子は神祇を閑却したのではないとして、憲法十七条発布から三年後（推古一五年）の詔勅に言及されている。

朕《われ》聞《き》く、曩昔《むかし》、我《わ》が皇祖《みおや》の天皇等《すめらみことたち》、世《よ》を宰《をさ》めたまふこと、天《あめ》に跼《せかがま》り地《つち》に蹐《ぬきあしにふ》みて、敦《あつ》く神祇《あまつかみくにつかみ》を礼《ゐや》びたまふ。周《あまね》く山川《やまかは》を祠《まつ》り、幽《はるか》に乾坤《あめつち》に通《かよは》す。是《ここ》を以《も》て、陰陽《ふゆなつ》開《ひら》け和《あまな》ひて、造化《なしいづること》共《とも》に調《ととの》ほる。今《いま》朕《わ》が世に当《あた》りて、神祇《あまつかみくにつかみ》を祭《いは》ひ祀《まつ》ること、豈《あに》怠《おこた》ること有《あ》らむや。故《かれ》、群臣《まへつきみたち》、共《とも》に為に心を竭《つく》して、神祇《あまつかみくにつかみ》を拝《ゐやびまつ》るべし。

（前出『日本書紀』四）（一〇八～一〇九）

このように我が皇祖天皇は世を治め、仏法を敬《うやま》い、神祇を礼《うやま》った。そこに何の対立抗争も軋轢も生じなかった。ところが、古代インドや中国では事情が異なっている。安岡先生によれば、

「わが国の年号は『大化』が始めでありますが、西洋の法権、王権の対立などから考えて、寒心させられる問題であります。かような危険も日本は何の苦もなく祓いのけていっているところに真に神ながらの国体ということを痛感させられるではありませんか。」（四七～四八）

『日本精神通義』は、一九三六年（昭和一一）一一月に刊行された。

神ながらの国体

これは、まさに時代精神に合致したものと云える。

三　奈良朝：天皇の神祇信仰

（一）護国三部経

推古朝（五九二～六二八年）・大化改新（六四五年）を経てからも仏教は天皇の保護のもとに興隆し、連綿として受け継がれていった。天武天皇（在位六七三～八六年、白鳳二～一五）の治世には、天皇の指導力が強力に発揮された時代である。天皇は、伊勢神宮の祭祀を重んじ神祇の祭祀権を天皇に集中させた。

この頃から法華経とともに仁王経・金光明経（護国三部経）が鎮護国家のために講じられるようになった。

法華経／仁王経／金光明経

これらは、国の鎮護・攘災致福の利益が説かれているお経である。以後、護国三部経は、鎮護国家のため諸寺で経じられるようになった。

（二）聖武天皇の神祇信仰

聖武天皇（在位七二四～四九年、神亀一～天平感宝一、天平勝宝一）は、諸国分寺・国分尼寺の建立、盧舎那仏の造顕などの詔を発せられ、新薬師寺の建立、東大寺大仏の鋳造などの事業を完成された。東大寺行幸に際しては、自ら「三宝《さんぼう》の奴《やっこ》」と称するほど仏教に帰依された。唐僧の鑑真について菩薩戒を受けられている。時期は明らかでないが出家もされている。

このように聖武天皇は、国家民衆の幸福安寧を念願しておられたが、神祇信仰も厚かった。

『日本精神通義』には次のように記されている。

「そしてやはり、同時に神祇《しんぎ》の崇敬も厚く、神龜《じんき》二年（七二三）の社寺を清浄にするの詔には、

『神社に関して特に宜しく国司長官自ら幣帛《へいはく》を執り、慎みて清掃を致し、常に歳事《さいじ》と為《な》すべし』

といわれております。」（五六）

このように天皇の治世の下で仏教が興隆する中、名利栄達を求め権勢をふるう僧侶が現れた。

道鏡である。

(三) 宇佐八幡神託と道鏡の失脚

道鏡(?~七七二、宝亀三)は、奈良時代の僧で義淵の弟子、七六五年(天平神護一)太政大臣禅師という空前の地位に登り、翌年法王の位を受けた。翌七六九年初めて法王官職印を用いた。この直後宇佐八幡神託事件が起きた。即ち皇位をうかがう道鏡は宇佐八幡の神宮と結託して〝道鏡が皇位につけば天下太平〟という上奏をうけた。これに対し、和気清麻呂が勅使として宇佐八幡の神託を受けたところ、道鏡の意図とは全く逆に次の宣告が出た。

「我が国家は開闢以来君臣定まれり。臣を以て君と為すこと未だ有らざるなり。天《あま》つ日嗣《ひつぎ》は必ず皇緒を立てよ。無道の人は宜しく早く掃除すべし」(五八)

道鏡にとっては厳しい断案である。この神託を契機に道鏡は失脚した。安岡先生は『日本精神通義』で次のように述べられている。

「このことは日本国体と宗教の関係を観る時、絶好の断案資料でありまして、事に当たって烈々と発揮される日本精神（神ながらの道）の厳粛さに深く感動せしめられることであります。」（五九）

「神ながらの道」がここにも貫徹されている。

（四）光仁天皇と神祇信仰

奈良時代は仏教が興隆する反面さまざまな弊害も生じた。政権欲、綱紀の弛緩、寺領の増加、脱税等である。光仁天皇（在位七七〇～七八一、宝亀一～天応一）は次の詔を発せられた。

「神祇を祭祀するは国の大典なり。若し誠敬ならずんば何を以てか福を致さん。聞くならく、諸社修まらず、人畜損穢《そんえ》し、春秋の祀もまた怠慢多しと、茲に因って嘉祥降らず、災害荐《しきり》に臻《いたる》る。ここに斯《こ》れを念《おも》いて、情深く慙惕《ざんてき》す。宜しく諸国に仰せて更に然らしむることなかるべし」（六〇）

光仁天皇は、仏教が俗化し、神祇が衰えている状況を憂慮されてその真意を示された。安岡先生は次のように評されている。

「もし外国であるならば、あるいは仏法と王法、国法とはやはり大衝突するにいたったかも知れないのですが、偉大な日本精神はその後ますます仏教を日本化、皇国化してゆきました。」（六〇）

外国、とくにヨーロッパの歴史をみると、宗教と王法が衝突した時に悲惨な結果を招いている。しかも、その歴史は繰り返されている。日本では、仏法と王法、仏法と国法の衝突は起きていない。安岡先生は、この外国と日本の違いを折にふれ強調されている。

四　最澄・空海と国家鎮護

平安時代、日本の仏教界には二人の偉大な宗教家があらわれた。最澄と空海である。我々は一般的に、最澄（七六六～八二二年、天平神護二～弘仁一三）というと、天台宗の開祖―比叡山、空海（七七四～八三五年、宝亀五～承和二）というと、真言宗の開祖―高野山を連想するが、安岡先生は、『日本精神通義』において国家鎮護の観点から記述されている。まず、最澄である。

「延暦四年、その心も姿も美しく尊かった十九歳の青年僧・最澄は、求道の念やみがたく、虚栄と堕落の都市仏教を厭うて、比叡（日枝＝日吉）の山に逃れ、心を澄ませ、欲を絶って修道に精進し、父母の恩、衆生の恩、国王の恩、三宝の恩に報いんため、毎日、法華経、金光明経、般若経などを読誦して一日も怠りませんでした。その宗教的精神、人物に深く感動したのは、時の宮中に仏事の職を奉じておりました寿興《じゅこう》という僧でありました。」（六一）

「そして、入山一〇年の後、延暦二〇年（八一〇）九月の初めての大供養には桓武天皇自ら臨御《りんぎょ》になるまでになり、一五年後には勅によって東寺西寺が建立され、都の鬼門に厳然として国家鎮護の道場ができあがりました。」（六二）

安岡先生は、空海についても高野山仏教の興隆と報国的精神を評価しておられる。

「そして、彼もまた勅命によって入唐求道し、帰来、真言密教の奥旨《おうし》を説いて、宮中に護国会《え》を修し、御修法の例を開き、東寺を賜わっては『教王護国の道場』とし、高雄を施されては『神護国祚《そ》真言の寺』とし、高野山に入定の際も、

『五濁の澆風《ぎょうふう》を変じて三学の雅訓を勧め、四恩の廣徳に報いて、三宝の妙道を興せよ』とくれぐれも遺訓しております。」（六四）

五　修験道と神道

安岡先生は、最澄・空海に続いて、修験道に論を進められている。先生によれば、

「仏教の興隆と神道の関係を考えます時、日本に独特の修験道《しゅげんどう》と称するものを看過することができません。」（六五）

修験道とは、役小角を開祖と仰ぐ日本仏教の一派である。日本古来の山岳信仰に基づくもので、山野を跋渉して苦修練行し、呪力の獲得を目的とする。

安岡先生は次のように記されている。

「この派の人々は（役小角、泰澄、法道などの山岳修行者）後の文書から見ますと、星宿《せいしゅく》に祈ったり、太山府君《たいざんふくん》を祭ったり、道教そのままのことをしているかと思うと、薬師・宝生・大日・弥陀・釈迦の五仏を木火土金水の五行に配して拝んだり、鹿島大明神、戸隠大明神、諏訪大明神、香取大明神、住吉大明神を五大力尊神と崇めて祀っております。これなどは明らかに神道と深い関係を持つもので、いかにも素朴な日本人の姿に接する感がいたします。」（六六）

星宿と仏、陰陽五行、神が共存している。これまさに日本人の素朴な姿である。

「弘法大師が高野山を開くに当たって丹生明神《にうみょうじん》、狩場明神の守護を説き、傳教大師が日吉《ひえ》神を祀っておりますのは、少なくともそこに神仏を習合しようとする真面目な意図を認めなければなりません。後世になって傳教大師を山王一実神道の、弘法大師を両部習合神道の開祖のようにいいますのも無理のない沙汰なのであります。」（六八）

高野山は真言宗の本山、比叡山は天台宗の本山であるが、空海（弘法大師）は高野山に丹生明神を祀り、最澄（傳教大師）は比叡山に日吉神を祀った。最澄は山王一実神道、空海は両部習合神道の開祖とされている。

空海―山王一実神道の開祖 最澄―両部習合神道の開祖

安岡先生は、こういうところにまで神ながらの道を探究しておられた。

六　鎌倉時代の仏教精神と神道

鎌倉時代の仏教史で特筆すべきは、新仏教の誕生である。安岡先生は、ここにも神道精神を認めておられる。

(一)　親鸞と神道精神

まず、浄土真宗の開祖親鸞上人（一一七三～一二六二、承安三～弘長二）については『歎異抄』の次の文を引用されている。

「親鸞におきてはただ弥陀に助けられまいらすべしとよきひとの仰せを蒙りて信ずる外に別に仔細無きなり。念仏はまことに浄土にむまるる種にてやはんべらん。また地獄に落つべき業にてやはんべらん。總じてもて存知せざるなり。たとへ法然上人にすかされまいらせて、念仏して地獄におちたりとも、さらに後悔すべからず候。その故は自余《じよ》の業をはげみても仏なるべかりける身が、念仏を申して地獄におちて候はばこそすかされたてまつりてと云ふ後悔も候はめ、いづれの行もおよびがたき身なれば、地獄は一定すみかぞかし」（九〇～九二）

安岡先生は、この親鸞の覚悟に神道精神を認めておられる。

「これ親鸞の決定《けつじょう》した覚悟でありました。これは実に神ながらの言挙げせぬ神道精神におのづから共鳴するものでありませんか。」（九二）

神ながらの言挙げせぬ神道精神

歎異抄に感動する人は数多くあっても、ここに神道精神を認める人は他に例を見ないのではないだろうか。

（注：法然・親鸞・浄土門については、拙著『安岡正篤先生と親鸞』明徳出版社参照）

（二）達磨の真髄と神ながらの道

中国では宋の時代まで、さまざまな禅宗派が存在していたが、鎌倉時代に臨済禅と曹洞禅が日本に伝えられた。安岡先生は、臨済禅の宗祖菩提達磨大師の宗風について次のように記されている。

「我と他と分立交渉を生ずるにおよんで、始めて無数の煩悩が生ずる。真性が客塵のためにおおわれる。我々はかくのごとき自他分別の境涯を去って、『無自無他』の真性に任せねばならない。『道』と冥府せねばならぬ。これ『禅』であり、『定』であります。そのためには、すなわち智慧を磨いて真性を観ずる『理入』と、これを証得する戒入、つまり『行入』が必要である。報冤《ほうえん》行、随縁行、無所求行、稱法行などの深い証悟を積んで、ここに真性に帰一する、というのです。特に達磨の教旨において肝腎なのは、その理行二種を貫いて、常に理に堕せず、戒に堕せしめざる全体の調和であり、統一的『あるもの』であります。

この宗風はそれこそ『神ながら』の道に最もいきいきと相通ずるものであります。」

（二一〇〜二一二）

このようにして安岡先生は、臨済禅の達磨大師にも

神ながらの道

を認めておられる。

㈢　武士的精神と道元・日蓮

鎌倉時代には、貴族に代わって抬頭してきた武士階級が新しい時代精神を求めるようになった。その新興精神を象徴する宗教家として安岡先生が挙げておられるのが

道元／日蓮

である。安岡先生は、道元の崇高冷厳な禅風が新興武士階級を感化したところに

崇厳な日本精神

を見ておられる。（注：道元については、拙著『安岡正篤先生と禅』明徳出版社参照）

法華経は、聖徳太子が帰依されて以来わが国の仏教史において常に枢要な役割を果たしてきたが、日蓮は比叡山、奈良、高野山に仏教の奥義を探究して歩き、

法華経こそが最勝のお経である

と確信するようになった。安岡先生によれば、

「法華経に、その教えを宣布すべき行者があらゆる窮厄迫害と戦うてこれを折伏化導せねばならぬことを励ましている末法濁世《じょくせ》が彼の眼前に惨澹として展開しておりました。敗徳乱倫《らんりん》の世俗、破戒無慚の教団、源平の興亡、朝幕の軋轢《あつれき》、一々その熱血に訴え、道骨《どうこつ》に響きました日蓮は、あたかも弓矢をとって雄たけびしました坂東武者をそのままに、法華経を戴いて敢然として、末法濁世に義戦を開始したのであります。」（一一五）

安岡先生がここで「末法濁世」とされているのが、平氏と源氏の抗争と、平氏の滅亡から承久の乱に至る末法の世である。法然・親鸞・道元・日蓮は、いずれもこの時代に新しい仏教（鎌倉新仏教）の開祖となった。その中でも日蓮は『立正安国論』を著わして幕府に提出、『法華経』の行者として法難・迫害に屈しない生涯を貫いた。

日蓮は義戦を挑んだ。

「義」は、武士の時代精神であり、日本精神の権化であった。

七　宋学が育くんだ日本精神

最澄と空海が入唐したのは八〇四年、中国では当時、韓退之や白楽天が活躍、その詩文がわが国の平安朝文化に多大な影響を及ぼした。しかるに栄西と道元が中国に渡った宋の時代になると、周濂渓《しゅうれんけい》・程明道《ていめいどう》・程伊川《ていいせん》・邵康節《しょうこうせつ》・張横渠《ちょうおうきょ》などの儒学者が輩出した。南宋時代には朱晦《しゅかい》庵《あん》、陸象山《りくしょうざん》の大家が出てわが国の儒学に絶大な感化を与えた。安岡先生は、この宋学の特色を『日本精神通義』の中で次のように記されている。

「宋学を通じての特色は、人間生活に本能情欲にまかせる功利の生活と、厳粛なる良心による道義の生活と、すなわち義利の弁を明らかにし、ひいては国民とし社会人とし、職業人としての行動の原則―出処進退―大義名分を正したことであります。」（一二四）

ここに安岡先生の生活・行動の基本軸が示されている。即ち

> 功利の生活と道義の生活／義と利の弁

である。安岡先生は、宋学はこの義利の弁を明らかにし大義名分を正す学問であるとして、宋学が日本精神に与えた影響について解説されている。云うまでもなく、先生は「義」と「道義の生活」の立場に立たされている。

以下は、建武中興・南北朝時代に開花した日本精神の事例である。

（一）虎関師錬

虎関師錬（一二七八〜一三四六年、弘安〜貞和二）は、鎌倉後期・南北朝の時代の臨済宗の禅僧で、京都五山の一つ東福寺第一五世、次いで南禅寺に住した。後村上天皇から国師号を賜った。虎関師錬の主著『元亨釋書』の書名は後醍醐天皇治世の年号からとっている。安岡先生は、虎関師錬について次のように記されている。

「義利の辨を明らかにし、大義名分を正すこの宋学が日本精神を刺激高揚しました大きな現象はまず建武中興（一三三三四年）でありましょう。鎌倉末期、京都に師錬《しれん》（虎関と号す）という才学・識見超凡の禅僧がありました。儒、仏両教にわたって精通し、後伏見天皇や光明院、後村上天皇方も崇敬された人でありますが、彼は同時に烈々たる国家的精神に燃えて、深甚な感化を門人に与えました。その著『元亨釋書《げんこうしゃくしょ》』は日本仏教史ばかりでなく儒教の上からも敬重すべき名著であります。」（一二二五〜一二二八）

『元亨釋書』には、次の記述がある。

「吾国史ヲ読ムニ邦家《ほうか》ノ基《もとゐ》自然ニ根ザセリ。支那《しな》ノ諸国ハイマダ嘗《かつ》テコレ有ラズ。是レ吾ノ吾国ヲ称《たた》フルユエンナリ。ソノ所謂《いはゆる》自然トハ三《みつ》ノ神器ナリ。三ノ神器トハ、神鏡ナリ、神劍ナリ、神璽《じ》ナリ。此ノ三ハ皆自然天成ニ出ヅ。初メ天照大神《あまてらすおほみかみ》、天宮《あめのみや》ニ在《いま》シシトキ、其孫《そのみまご》瓊杵尊《ににぎのみこと》ヲ召《め》シテ曰《のたまは》ク、葦原ノ中《なか》ツ国ハ、吾ガ孫胤統御ノ地ナリ。宝祚ノ隆、マサニ天壌トトモニ無窮ナルベシ。」

（出所：新輯『日本思想の系譜』―文献資料集（上）　小田村寅二郎編、一九七一年、時事通信社、四五三）

安岡先生が虎関師錬について「烈々たる国家的精神に燃えて」と記されている所以である。

（二）玄慧

玄慧（?～一三五〇、?～正平五・観応一）は、虎関師錬門下の天台僧で、程朱学の学識をもって後醍醐天皇の侍読に用いられた。その席は、後醍醐天皇による鎌倉幕府打倒の密計の場になったと伝えられている。安岡先生は玄慧に就いた人達を

慷慨義烈の人々／純真熱情の青年

として次のように記されている。

「仏僧よりはむしろ儒者に属する人でありまして、宋の哲人・司馬光がその全精力を傾け尽くして大成した『資治通鑑《しじつがん》』を愛読し、程氏兄弟や朱子の学を尊信して、従来の漢唐諸儒の注釈にあき足らず、程・朱の新注を用いて活き活きした議論を試みました。後醍醐天皇は特にこの人を侍読に挙げておられます。有名な藤原資朝《すけとも》、俊基《としもと》、藤房《ふじふさ》や花山院師賢《かざんいんもろかた》など慷慨義烈の人々は多くこの玄慧に就いて、学を問い、道を聞き、青年の純真熱情を傾けて、

しばしば夜の更けるのも知らず議論し合っていたようであります。」（一二六）

「この資朝に、師賢《もろかた》、四條隆資《たかもと》、俊基《としもと》、諸卿に足助重成《あすけしげなり》や多治見國長《たじみくになが》などが加わって、衣冠を脱いで、無礼講を催した時に玄慧を招いて韓退之の文集などの講義を聞き、密かに北条氏討伐の密計を進めていたことが『太平記』に面白く伝えられております。」（一二七）

『太平記』は安岡先生が若い頃から愛読されていた歴史書である。

(三) 北畠親房

北畠親房（一二九三～一三五四、永仁一～正平九・文和三）は、南北朝時代、南朝の要の人物である。公家の出身であるが、武将としても活躍、後宇多・後醍醐・後村上の三天皇に忠誠を励み、とくに後醍醐天皇の信任が厚かった。建武中興（一三三四年）が成るとともに従一位に進み、大臣に准ぜられた。

翌年（一三三五年、建武二）、足利尊氏が朝廷に反旗をひるがえし、（一三三六年、建武三、建元一）湊川で楠木正成を破って後醍醐天皇を幽閉すると、北畠親房はひそかに後醍醐天皇を吉野にお迎えし、正統南朝の皇位回復に尽力した。親房の著『神皇正統記』は次の序で始まっている。

「大日本者神國也《おほやまとはかみのくに》。天祖《あまつみおや》（註・國常立尊《くにのとこたちのみこと》）はじめて基《もとゐ》をひらき、日神《ひのかみ》（註・天照大神）ながく統《とう》を伝《つたへ》給ふ。我《わが》国のみ此事《このこと》あり。異朝《いちよう》には其《その》たぐひなし。此故に神國《かみのくに》と云《いふ》也。

神代《かみよ》には豊葦原千五百秋瑞穂国《とよあしはらのちいほのあきのみづほのくに》と云《いふ》。天地開闢《てんちかいびやく》の初《はじめ》より此名《このな》あり。天祖國常立尊《あまつみおやくにのとこたちのみこと》、陽《を》神《がみ》陰神《めがみ》にさづけ給《たまひ》し勅《みことのり》にきこえたり。天照大神《あまてらすおほみかみ》、天孫《あめみま》の尊《みこと》（註・瓊々杵尊《ににぎのみこと》）に譲《ゆづり》ましましにも、此名あれば根本の号《な》なりとはしりぬべし。

又は大八洲国《おほやしまのくに》と云《いふ》。是《これ》は陽神陰神《をがみめがみ》、此国を生《うみ》給しが、八《やつ》の嶋《しま》なりしによつて名《なづ》けられたり。

又は耶麻土《やまと》と云《いふ》。是は大八洲《おほやしま》の中國《なかつくに》の名也。」（前出、『日本思想の系譜』）（四六〇）

大日本は神国也

これは、日本精神の発露とも云うべきもので、安岡先生は次のように記されている。

「北畠親房もやはり玄慧に学んで『資治通鑑』などに精通し、大義名分に深く思うところあって、常陸小田籠城中に『神皇正統記《じんのうしょうとうき》』を著し、大いに日本国体を闡明《せんめい》して不朽の業績を留めたことは誰知らぬ者もありません。楠木正成以下勤皇の緒将いずれもこの宋学や禅によって心術を練らぬはありません。後世、治国平天下の道が真剣に考えられ、事あれば勃然として大義名分の論起こって、覇者を排し、王道を説き、儒教にからまる禅譲放伐《ぜんじょうほうばつ》観《かん》をいつしか純化し活用して、武家政治に分を守ることを失なわしめず、皇家を神聖不可侵たらしめた国民的偉業の原動力が大いに宋学に掬《く》まれたことは日本精神を学ぶ者の忘れてならぬことであります。（一二七～一二八）

ここには、日本精神を学ぶ者の忘れてはならない言葉が込められている。

大義名分／日本国体／勤皇／治国平天下の道／王道／禅譲放伐／皇家

江戸末期・明治維新の尊王思想はこの宋学によって育まれたのである。

（四）南北朝合一から応仁の乱へ

南北朝合一が実現（一三九二年、明徳三・元中九）して後、時代は、応永の乱（一三九九年、応永六）から永享の乱（一四三八年、永享一〇）、嘉吉の乱（一四四一年、嘉吉一）、応仁の乱（一四六七年、応永二）へと急変してゆく。この間、京都は廃墟と化し、皇室・公家は極度の生活難に陥った。しかしながら、皇室の学問はすたれなかった。安岡先生は次のように記されている。

「かかる間にも皇室では少しも御修養に怠りなく御精進されていたことはもったいないほどであります。」（一〇五）

歴代の天皇はいかなる困難に直面されても、学問・勉学に努められ、ご教養の向上に精進されたのである。

（五）後花園天皇

後花園天皇（一四一九〜七一、応永二六〜文明二）は、後崇光院の第一皇子で、一四二八年（正長一）、後小松天皇の猶子となり践祚された。在位三〇数年間は災害・戦乱があいつぎ、皇室の力は衰えた。しかしながら、後花園天皇は、詩文・和歌・連歌に高い業績を残された。

『歴代天皇年号事典』には次のように記されている。

「父貞成親王は、後花園天皇が即位すると、皇位が持明院統のなかでも庶流《しょりゅう》の後光厳院流《ごこうごんいんりゅう》から嫡流《ちゃくりゅう》である崇光院流《すこういんりゅう》に戻ったことを喜び、またこれが永く自流の子孫に伝えられることを願って、『椿葉記《ちんようき》』を著わし、天皇に君徳《くんとく》の涵養《かんよう》を諭《さと》した。天皇も父の期待に応え、寛正《かんしょう》の大飢饉《ききん》の際、将軍足利義政の奢侈《しゃし》を戒める詩を作るなど、『近来《きんらい》の聖主《せいしゅ》』と称《たた》えられた。天皇が皇子（後土御門《ごつちみかど》天皇）に同様の趣旨を諭したのが、『後花園院御消息《ごはなぞのいんごしょうそく》』（『群書類従《ぐんしょるいじゅう》』消息部《しょうそくぶ》）である。天皇の日記は、『親長卿記《ちかながきょうき》』文明五年三月一七日条の記事によれば、かつては存在したことがわかるが、今は伝わらない。和歌《わか》には『後花園院御集《ごはなぞのいんぎょしゅう》』三巻（『列聖全集《れっせいぜんしゅう》』御製集《ぎょせいしゅう》四）、『後花園院五十首《ごはなぞのいんごじっしゅ》』（同）、『後花園院御百首《ごはなぞのいんおんひゃくしゅ》』（同・『続群書類従《ぞくぐんしょるいじゅう》』和歌部《わかぶ》）、連歌《れんが》には『後《ご》花園院御独吟百韻《はなぞのいんごどくぎんひゃくいん》』（『列聖全集《れっせいぜんしゅう》』御製集《ぎょせいしゅう》四・『続群書類従』連歌部《れんがぶ》ほか）などの作品がある。また『新読《しんしょく》古今和歌集』撰進の命を下した。」（前出『歴代天皇年号事典』）（二八五～二八六）

これらの御集等のリストを見るだけでも、後花園天皇のご教養の高さをうかがうことができる。

（六）後土御門天皇

後土御門天皇（一四四二〜一五〇〇、嘉吉二〜明応九）は、後花園天皇の第一皇子である。一四六五年（寛正六）の即位後間もなく起きた応仁の乱（一四六七年）により、皇室領が失われ、朝廷は儀式もままならぬほど困窮化した。

「天皇の即位後程なくして起った応仁《おうにん》・文明《ぶんめい》の乱《らん》は前後十一年にわたり、この間京都の市街は多く焼土《しょうど》と化し、騒乱《そうらん》は地方にも及んで皇室御料地《ごりょうち》をはじめ公家《くげ》の所領は多く侵掠《しんりゃく》せられ、朝廷の経済もきわめて窮乏《きゅうぼう》し、節会《せちえ》その他の恒例の朝議《ちょうぎ》も廃されるものが多くなった。」（同事典二九二）

こういう状況の下で後土御門天皇は、応仁の乱以来中絶していた朝議の再興に努め、三《さん》節会《せちえ》・殿上淵酔《でんじょうえんずい》・乞巧奠《きこうてん》などを再興された。

さらに次のような記述もある。

「天皇学を好み、吉田兼倶《よしだかねとも》・一条兼良《いちじようかねよし》・清原宗賢《きよはらむねかた》らに和漢の書を講《こう》ぜしめ、また歌道《かどう》に長じ、『紅塵灰集《こうじんかいしゆう》』『いその玉藻《たまも》』『後土御門院御百首《ごつちみかどいんおんひやくしゆ》』などの御集《ぎよしゆう》がある。」(同事典二九三)

安岡先生は『日本精神通義』に次のように記されている。

「応仁の乱は後土御門《ごつちみかど》天皇の時代からでありますが、父君の後花園上皇はかねて天皇の御教養に深く心を注がれ、遊学を排して実学を主張し、主上の御学問として、漢学・国学を奨励し、一方、天皇はまた誠実にこれを御遵奉され、かの吉田兼倶を召して『日本紀』を、船橋宗賢《そうけん》に『論語』を諸卿とともに御聴講になり、三條西実隆《さんじようにしさねたか》のような敬虔博学の名臣などが補佐を申し上げておりました。こういう感化をこうむっていた公卿たちの多くが乱離のため、各地に四散し、流寓したのであります。」(一二九~一三〇)

特筆すべきは最後の部分、即ち多くの公家が地方に流れていき、

日本精神が全国に波及

していった事実である。以下、安岡先生が『日本精神通義』に記されている事例を示してみる。

（七）宋学の地方への波及

安岡先生は、建武中興から応仁の乱・室町期にかけて宋学が地方に伝播し、地方文化の興隆に貢献した役割を強調されている。

中世戦乱の時代、地方の豪族は鷹司家（奈良へ）、一條家（大和・越前・土佐へ）、二條家（備前へ）、三條家（周防へ）、姉小路家（飛騨へ）など都落ちした公家を三顧の礼をもって迎え入れた。先生は次のように記されている。

「しかるに、素朴剛健な気迫と経済的実力を持って密かに教養の不足を痛感しておりました各地の豪族の心ある者はこれらの人々を礼をもって迎えましたので、戦国乱離に万感を胸に宿したこれら縉紳はその蘊蓄《うんちく》を各地に傾けて、地方人士の文化に深甚な貢献をすることができました。」（一三〇）

その地域は、中国地方から、四国、九州、さらに関東地方にも及んでいる。

以下、安岡先生は、近江蒲生氏、中国地方の大内氏・毛利氏、土佐の吉良氏と南宋派の儒学者南村梅軒、九州・肥後の菊池氏、薩摩の島津氏と臨済宗の禅僧・桂庵玄樹、北条實時と金沢文庫、上杉憲実と足利学校について教学振興・儒学振興の実績を解説されているが、割愛する。

このようにして、南北朝から応仁の乱にかけての戦国の時代に、日本を革新する清新剛健な文化が誕生した。その文化を創造したのは地方武士であり、彼等の精神は

宋学

によって育まれた。彼等は「四書五経」「朱子」などの儒教や『史記』『文選』等の歴史を学ぶことによって質実剛健な気風・仁義・道徳を重んずる美風を涵養していった。

尊王思想

も芽生えてきた。これは江戸時代になって

治国平天下／王道

を説く尊王思想につながってゆくこととなる。

一方、戦乱によって衰微した皇室におかれては

後醍醐天皇／後花園天皇／後土御門天皇

などの天皇が学問を奨励あそばされ、自らも学問に努められた。

八　江戸時代の神道と国学の勃興

儒教は修身齊家、治国平天下の学問である。それは社会と人心の安定を求める徳川家の学問にふさわしいものであった。そして儒家は、儒教より進んで日本の道に思索を深めていった。

日本精神は新しい展開をみせる。

江戸時代の日本精神と云えば

神道／国学

に象徴される。安岡先生は『日本精神通義』の中で代表的神道論・国学者として下記の人物について解説されている。

林羅山／徳川義直／熊澤蕃山／山崎闇斎／山鹿素行／賀茂真淵／本居宣長／平田篤胤

（一）林羅山

林羅山（一五八三〜一六五七、天正一一〜明暦三）は、京都の人。江戸時代の儒学者。安岡先生は、その膨大な著作の中から『本朝神社考』の次の箇所を引用されている。

「日本は神国である。神武天皇天津神の後を嗣いで国をしろしめして以来、王道次第に弘まって来たが、仏教の伝来とともに僧侶は本地垂迹説の如き牽強附会《けんきょうふかい》の説を唱えて、仏教弘通《ぐつう》のために姦作《かんさく》を弄し、識者之を察せずして、吉田（卜部）神道など実は仏説を仮って神道を説いている。もし世人我が国の神を崇めて、仏を排するならば、上古の淳朴に復して、風俗本来の清浄を発揮することができるであろう。」（一四四〜一四五）

林羅山は、仏教を排し、朱子学を進めて神儒一致を説いた。上古の淳朴・清浄＝神の道である。

（二）徳川義直

徳川義直（一六〇〇〜一六五〇年、慶長五〜慶安三）は、徳川家康の九男で尾張徳川家の祖。

その著、『神祇宝典』について、次のように評されている。

「神道の権威を明らかにし、儒教、聖賢の道も畢竟《ひっきょう》これに加えるものではないと論じております。」（一四五）

(三) 熊澤蕃山

安岡先生によれば、熊澤蕃山について次のように記されている。

「上古の淳朴簡浄の風を理想とし、後世の煩瑣な偽巧を退けている。唐土の聖人日本に来たるならば、我が神道を崇めて、古風の復興に力を尽くすであろう。釈迦とても日本に渡れば、また神道に順うであろう」(一四五)

神道は、中国の聖賢の教えと仏教の上に位置づけられている。

上古の淳朴簡浄(熊澤蕃山)/上古の淳朴清浄(林羅山)

これは、いずれも古代の神ながらの道である。

(四) 山崎闇斎

山崎闇斎(一六一八~一六八二年、元和四~天和二)は京都の人。江戸初期の儒者・神道家。

唯一神道・古川神道など諸家の神道を集大成、儒学上の造詣を加えて垂加神道を興した。

垂加神道は、一般的には「すいかしんとう」と呼ばれているが、安岡先生によれば正しい読み方は「しでますしんとう」である。「しで」（垂）とは、神前に供する玉串《たまぐし》・注連縄《しめなわ》などに垂下げるもの、「ます」とは、坐す、在す（いらっしゃる、おいでになる）の意である。つまり垂加はなのである。

神籬・信仰を語る言葉

安岡先生は、次のように記されている。
「彼みずからその『垂加草《すいかそう》』に、『神垂祈禱・冥加正直、我れ願わくば之を守り、終身惑ふ勿《な》からん』と述べております。」（一四六）
山崎闇斎は、垂加神道の権威を『日本書紀』神代巻に求め、皇室守護を唱え、後世の復古運動に多大な影響を与えた。

「思想教理よりも、その炎々たる気概が門流に偉大な感化を与え、浅見絅斎《けいさい》、竹内式部、山縣大貳《だいに》を始め、正親町公通《おおぎまちきみみち》、谷秦山、玉木正英ら幾多の烈士を打ち出し、水戸学の勃興を促すにいたったのであります。」

水戸学と云えば、徳川二代将軍秀忠の三男で、高遠藩三万石から会津藩二三万石の大名となり、幕藩体制初期の名君とうたわれた保科正之も弟子の一人である。

(五) 山鹿素行

山鹿素行(一六二二~八五年、元和八~貞享二)は、会津の人。山鹿流軍学を創始。代表的著作に『聖教要録』と『中朝事実』がある。安岡先生は次のように記されている。

「『聖教要録』を著して、後世、空論の学を排し、直に周公孔子の道を実践すべきを説きました山鹿素行《そこう》もまたおのずから日本精神に帰して、『中朝事実』を著し、中華崇拝をたしなめて、我が国体を明らかにしました。」(一四七)

山鹿素行は、朱子学が観念論化し、非実践的になっているとして、古代の聖賢の道に立ち返るべきであると主張したため、赤穂に配流となった。素行はそこで『中朝事實』を著わした。山鹿素行は、中華崇拝を排し、わが国体を明らかにした。素行は当時、林羅山の朱子学全盛の時代にあって、日本の伝統に立ち返り、日本精神を説いた。この独立の気概は、その後江戸時代を通じ、幕末・明治維新に至るまで、多くの

尊王論・尊王主義者

を輩出していくこととなったのである。

(六) 万葉集研究に着手

『万葉集』は、神道・国学史上重要な役割を占めており、江戸時代中期に著名な研究者を輩出した。安岡先生は、万葉集研究に着手した人物として、戸田茂睡《もすい》、下河辺長流《ながる》、契冲《けいちゅう》、荷田春満《あずままろ》、賀茂真淵、本居宣長の名を挙げておられる。

戸田茂睡（一六二九〜一七〇六、寛永六〜宝永三）は、駿河国の人。江戸前〜中期の歌学者で

ある。堂上流歌学が重視されていた時代に堂上流歌学を攻撃、大坂で活動していた下河辺長流、契冲らと並んで、江戸で和歌の革新を唱えた先覚者である。

下河辺長流（一六二四～八六、寛永一～貞享三）は大和国の人。江戸前期の国学者である。堂上流歌学の因襲性・迷蒙性を批判し、自由な立場から実証的な考証に基づく古典文学の再興を唱えた。契冲を師として交遊した。

万葉集の注記は、病気のため果たせず、契冲が『万葉代匠記』を書いた。

契冲（一六四〇～一七〇一、寛永一七～元禄一四）は摂津国の人。江戸中期の国学者である。

当時水戸藩徳川家では

大日本史の編纂／万葉集の校訂

を企てていたが、契冲は下河辺長流に代わって『万葉代匠記』を完成させた。契冲の学問も、下河辺長流と同じく自由かつ科学的・実証的研究法で、その復古思想とともに近世国学の祖となった。

『厚顔抄』（記紀歌謡の注釈書）には、

神儒仏三道を連ねるのが「倭歌《やまとうた》」である

という契沖の歌論が示されている。

荷田春満（一六六九～一七三六、寛文九～元文二）は京都の人。江戸中期の国学者である。国学四大人の一人。六五歳の時、賀茂真淵が入門し、春満の学問を継承した。

（七）賀茂真淵

賀茂真淵（一六九七～一七六九、元禄一〇～明和六）は、遠江国の人。江戸前期の国学者である。国学四大人の一人。六七歳の時、宗武の命を受けて、山城、大和、伊勢方面を旅行し、その帰途松阪で本居宣長が入門した。

『冠辞考』『万葉考』の著述により、国学史上に確乎たる地位を確立した。賀茂真淵について安岡先生は次のように記されている。

「春満の晩年その円熟した古典学から、老子の理想を実証するような上代日本の簡素純真な面目にあこがれて、『万葉集』を研究し、（中略）、天地自然の道にしたがって誠を尽くすべきことを旨としました。」（一五一～一五二）

賀茂真淵は、日本古代の精神に復帰することを理想とし、そのためとくに『万葉集』を研究し、歌も万葉調を好んだのである。

上代日本の簡素純真な面目／天地自然の道／誠を尽くす

これはまさに「神ながらの道」である。

（八）本居宣長

万葉集研究史上に燦然と輝いているのは本居宣長である。本居宣長（一七三〇～一八〇一、享保一五～享和一）は、伊勢国松阪の人。江戸後期における国学の大成者である。国学四大人の一人。

商家の生れであるが、父の死後、京都に遊学、その間契沖の著述を読んで国学に眼を開かれた。三四歳の時故郷の松阪で賀茂真淵に会って入門し、ここに宣長は、『古事記』の研究によって古道を明めることを終生の大業と定め、六九歳の時『古事記伝』が完成した。この他『万葉集・玉の小琴』『源氏物語・玉の小琴』『詞《ことば》の玉緒《たまのを》』『玉勝間』など数多くの著作がある。安岡先生は次のように記されている。

「『万葉集』を中心に古語古書の研究を深め、『古事記』を主として神典をうかがい、古神道を闡明して、極力、後世の雑駁な外国習合思想より脱却すべきことを提唱し、純真素朴な民族本来の精神に立って、神を敬い、祖を崇め国体の本義を発揮せんことを力説したのであります。」（一五三）

（九）平田篤胤

平田篤胤（一七七六～一八四三、安永五～天保一四）は出羽国秋田郡の生まれ、江戸後期の国学者・神道家である。二〇歳の時脱藩して江戸に出、二五歳の時平田家の養子となった。宣長の死後、本居春庭に入門した。荷田春満、賀茂真淵、本居宣長とともに国学四大人の一人と云われている。

『古史徴』『古史成文』『古史伝』『霊能真柱』など多数の著作があるが、篤胤の学風は神道的要素を強め、復古主義・国枠主義・排外主義の立場から儒・仏を激しく批判したため、幕府の忌むところとなり、秋田に追放された。安岡先生は次のように記されている。

「多神教的、現世的な神道に、一神教的、未来教的性質を深め、皇室祭祀を中心に、祖先崇拝の国風を統一して、神道を国家的祖神教に大成し、まったく従来の本地垂迹思想を覆して、日本の神―天皇―国家を世界の大宗とする信念を確立いたしました。」（一五三）

皇室祭祀／祖先崇拝／国家的祖神教

これはまさに古神道の伝統を受け継ぐものである。

本居宣長と平田篤胤が宣揚した皇国精神は、幕末の勤王論から倒幕運動・明治維新に展開してゆくのである。

Ⅲ　日本精神の真髄

一　東洋文化と西洋文化の実質的な違い

（一）陰陽相対的原理と人間の実在

安岡先生の代表作『日本精神通義』は次の二つの構成から成っている。

日本精神の源流／日本精神の真髄

「日本精神の源流」は既述の通り、古代から江戸時代まで日本の歴史の枢軸を貫く神道の流れを辿ったものである。これを受けて「日本精神の真髄」では、東西文化の本質的な比較の上に、日本精神の本義に迫っておられる。その根底にあるのが、人間実在の

陰陽相対的原理

である。先生は、『日本精神通義』の中で人生の陰陽相対的原理について説明されているが、文章では難解なので、以下表にまとめてみる。

陽の原理	陰の原理
無限に自分を分化し、形を執って自己を現じて行こうとする、いわば造化の代表的形式の働き。肉体に即すると、一つの細胞が二つになり、四つになり、八つが十六になるというふうに自己を分化し、肉体を形成してゆく。	分化に即してその分化をそのままに統一し、形なきに自ら含蓄しようとする、いわば統一含蓄、あるいは潜蔵ともいうべき働き。肉体に即すると、生命という神秘な無形の働きになって、これが相待ち、相応じて我々の肉体的活動、すなわち生理が存する。
分化発現を本領とする。	統一含蓄を本領とする。
知の働き	情の働き

子供は、幼児には自分と他人との区別も、主観と客観との対立もないが、成長とともに自分と他物との差別が明確になる、学問知識を生じる、内外の世界を発見する。これは知の働きである。主知主義にのみ傾くと、個人主義的、利己主義的、物質主義的、機械的になる。	功名心	金を儲けようとか、位を得ようとか、事業をしようとか、教義を宣揚普及しようとか、我々が世の中で発展しようという欲望。 才とは、我々を社会的に発揚する上に役立つ諸種の能力、例えば語学ができるとか、事務が執れるとか、辞令が巧みであるというような働き。
情は知に対するもの、その代表である愛は、分れたものを結んで生命を付与する作用である。親子、兄弟、夫婦、盟友、隣人を内面的に統一して、人生という大なる創造を促す。 知と情とが兼ね備わって、潑剌として生きること、これが「智・仁・勇兼備の人」である。	退蔵心	隠逸心、内省心によって、自己の純潔天真を守り、美しく静かな仁の生活、無我な愛の生活を持してゆこうという心。 徳とは、才を才たらしめる所のある神秘な生成化育の働き。 我々の衷に存して、これなくしては一切の活動が成り立たないところのあるもの。

このような陰陽相対的原理から見るとき、われわれはどういう生き方をめざすべきか。安岡先生は、次のように指摘されている。

「この陰陽相対の功名心と退蔵心というものとがうまく調和して、しかも大きく我々に抱懐《ほうかい》されればされるほど、その人は大なる人物になってゆきます。」（一六四）

功名心と退蔵心の調和

である。その具体的な事例として、安岡先生は、西郷南洲と井伊直弼を挙げておられる。

「西郷南洲という人。表面から見ると非常な功名の士、すなわち陽性の人に見えますけれども、実はデリケートな情操を持った人でありまして、あのような革命的活動とともにその半面において深刻に隠遁的な志を抱いて悩んでおった人であります。」（一六五）

「井伊直弼という人がやはりそうであります。ちょっと、これも表面から窺《うかが》うといかにも残酷な鉄血政治家という趣きがありますけれども、一度深く立ち入って観察いたしますと、茶を嗜《たしな》み、和歌を詠じ、禅に参じ、道を好む、非常に優しくゆかしい内面的な人格がありまます。それが自然にいうにいえない一個の魅力ある風格となって、今日多くの心ある人を惹きつけているゆえんであります。」（一六五）

日本人の好みをごく単純に分類すれば、西郷南洲が好きな人は井伊直弼を嫌い、井伊直弼が好きな人は西郷南洲を嫌ふ。ところが安岡先生は、「功名心と退蔵心の調和」という人物観から二人を観ておられる。

さらに安岡先生は、中国の司馬光の『資治通鑑』を引用して、才と徳の見地から人間を分類している。これによると皇帝の鑑とすべき人物像は

才と徳の完全なる調和

とされている。それは、才が徳に勝つ小人型でも、徳が才に勝つ君子型でもなく、両者が完全

に調和した聖人型である。とかく人間は、思想も行動も一方に片寄り勝ちになる。ここに個人対個人の対立衝突が生じてくる。これが階級間、人種間、国家間の対立になると解決がつかなくなる。『日本精神通義』が刊行されたのはまさにそのような対立の激しい時代であった。

功名心と退蔵心との調和

安岡先生が指摘されているこのような徳は、日本精神の精華とも云うべきものである。

(二) 東洋と西洋の根本精神の違い

安岡先生は、さらに論を進めて、陰陽相対的原理を東洋と西洋の根本精神にも認めておられる。これもわかり易く対照的にまとめてみる。

陽の原理	陰の原理

西洋文化	東洋文化
外向的・物質的・理知的・才能本位・功利的である。 男性的である。 乾徳《けんとく》文明である。 常に前進しようとする精神。 一つのものが無限に自分を分化し、形を採って自分を発現しようとする働きである。	内面的・精神的・情意的・趣味的・徳操的である。 女性的である。 坤徳《こんとく》文明である。 大地が万物を生育する力がある。 複雑な差別を統一し、なるべく含蓄しようとする傾向をもっている。

安岡先生は、この西洋文化と東洋文化の違いを、衣・食・住・茶・日本婦人の起居動作等に即して説明されている。ここでは、衣服と食物について解説する。

＜衣服について＞

「我々の衣服では洋服が外に出て活動するのに確かに便宜にできております。けれども洋服は非常に個別的なものであり、融通性、統一性を欠いており、落ちつかぬものです。」

（一七三）

「和服は、静かな落ちついた生活をするには誠に相応しくできておりまして、融通性があり、統一性があります。だから静かにおる時は和服が最も便利であります。」（一七三）

「元来、被服であるところへ花鳥風月を優にゆかしく取り入れ、それに詩を加え、書を加え、あらゆる精神的、芸術的要求を統一して、それを着ているというようなことは、単調に倦《う》んでいるところの西洋婦人の非常に憧れる点であります。」（一七三）

＜食物について＞

「西洋の食物は我々が活動するのに、すなわち功利的あるいは合理的にできています。何カロリーの熱量、蛋白質、含水炭素、脂肪云々の栄養素、そういうものをこれだけ、摂取すれば良いというふうにできております。」（一七四）

「日本料理のごとく世界において深遠なるものはないと思います。」（一七四）

「箸によって木を味わい、木の持つ『朴』の哲学、人間の永遠性の原理を楽しむのであります。茶碗に土を味わい、お匙に散蓮華《ちりれんげ》を偲ぶ。したがって食うことも単なる食にあらず、人格生活の一部になっているのです。」（一七五）

木の持つ「朴」の哲学、土の持つ「朴」の哲学は、神道の哲学と軌を一にしている。素朴な「かみながらの道」である。

（三）統一含蓄に生きる東洋文化

安岡先生が西洋文化と東洋文化の違いを論ずるに当って、例証として挙げられるのが、詩と俳句である。先生によれば、諸民族の感情を最もよく流露せしめるものは詩歌であり、それを窺うことによって民族性の違いがよく分かる、というのである。これを芭蕉の句で見てみよう。

古池や　蛙飛び込む　水の音

これをイギリスの日本学者チェンバーレーンは次のように翻訳している。

「何らの響きにも、動作にも妨げられずに幾代かを経た一つの静かな池が眠っておる。そこに突如として一匹の軽い蛙が飛び込んだ」（一八九）

何と味気ない翻訳であろうか。ここには何の精神性も表現されていない。日本人から見れば、これは池と蛙についての単調な描写に過ぎない。「や」という一文字の含蓄も、静寂の中のポチャーンという水の音も全く響いてこないのである。安岡先生は、この翻訳について次のように記されている。

「われわれがこの翻訳を見ると、チェンバーレーンは理知というものを通して自然そのものを皮相に観察説明する概念的存在になっていることに気づきます。」(一八九)

「『水』は H_2O という説明を聴く感があります。」

故ドナルド・キーン氏は、「芭蕉の句七文字には全宇宙が含まれている」と云っている。チエンバーレーンの翻訳は、宇宙とは全く無縁なものとなっている。

西洋の詩には主語と述語がある。主語があって、述語でいろいろと説明をする。チェーンバレンによる芭蕉の句の翻訳はまさにそうなっている。しかし俳句には主語がない。俳句は、余計なものは省いて生命の本質に迫ろうとする。枝葉末節を徹底的に切りそいで根本を明めようとする。俳句は、統一含蓄に生きる東洋文化を象徴するものと云える。

（四）東洋の生活は没我的

西洋と東洋の違いは、俳句に象徴されるような文化面だけでなく、個人生活や家庭生活、社会生活にも認められる。これも、理解し易いよう安岡先生の解説に従ってまとめてみる。

西　洋	東　洋
陽の原理	陰の原理
分化・発展	統一・含蓄
	自分というささやかなものから少しでもこれを摂理する根源の大生命に帰一して生きようとする
主我的・個我的・個人主義的	没我的
権利観念・平等思想	

子供は子供、夫は夫、妻は妻、父は父 政党員は、それぞれ明確な主義・主張をもっている	夫、妻、親、子どもが相対的、平等的なる自覚をもっていない 政党員は、それぞれ明確な主義・主張をもっていない

この表を総括すると次のようになる。

> 西洋の生活は主我的／東洋の生活は没我的

安岡先生は、これを東洋の具体的生活に即して次のように説明されている。まず家庭生活である。

「東洋は（中略）お互いに**没我的**になって相愛し合うというのが原則です。親は子のために自己を忘れ、妻は夫のためにまったく己を忘れる。そうして夫や子供の喜ぶのを見て喜び、悲しむのを見て悲しむ。」（一九八）

次に政治社会である。

「政治社会を見ましても、日本の政党に属する政党員というものは明確なる主義主張は、一般に余り持っておらぬのであります。いわゆる陣笠代議士であります。皆それぞれ親分とか何とかいうものがあって、それに没我的に許しているのであります。」（一九九）

ここから、日本人および日本精神についての安岡先生の重要な考えが示されている。

「『没我的現象』、つまりこの人のために死ぬとか、この事業のために死ぬという感激の対象を得ずんば活きる能わず、そういう没我的の働きを持っているものが東洋人、ことに日本人であります。」（二〇〇）

言い換えれば日本人は、この人の為なら命をも捨てる、或いはこの仕事の為なら命をも捨てるという感激の対象をもつのである。

（五）創造の根本にかえる

明治維新以降、日本民族は、勇猛果敢に理想を追求してきた。日本は、まさに活力のある社会、活力に満ちた民族・国家であった。国全体が理想に燃えていた時代であった。ところが、日清戦争と日露戦争での歴史的勝利によって日本民族は目標を失い、精神的に弛緩してしまった。安岡先生はこういう時には、「創造の根本にかえることが大切である」として、次の三聖人の言葉を引用されている。

「孔子」　君子はその本《もと》を務《つと》む／「孟子」その大なる者を立つ／「王陽明」務本立大《むほんりつだい》

安岡先生は、この根本にかえる精神を禅と神道に求められている。

日本民族の立ちかえるべき創造の根本は、禅と神道（神ながらの道）である

まず「禅」については、『景徳伝燈録《けいとくでんとうろく》』『続高僧傳《ぞくこうそうでん》』などをもとに達磨大師について次のよう

に記されている。

「衆生は久しく本《もと》をすてて末に走った。そうすると怨憎《えんぞう》多い。そこで怨み、憎み、人生の呪わしいことが由って生ずる所以を去って根本の生活に復《かえ》ってそこから出直すということ、すなわち我々が末梢に走り、先端に走って、つまらない根本を遊離した生活をやり、こせこせした問題に拘泥して浅はかな感傷から、詰まらぬことをいわぬ、泣き言をいわぬ、くり言をいわぬという線太く大きく活きなければならぬ」（二〇九）

安岡先生によれば、達磨大師の時代、梁の国は人心・社会ともに無理想、文化生活は乱熟腐敗していた。人々は、本を捨てて末梢に走っていた。大正から昭和始めにかけての日本も、全く同じような状況にあった。安岡先生は、このような見方に立って、根本に立ちかえって出直さなければならない、と主張されているのである。

次に「神ながらの道」については、次のように記されている。

「すべての教え、ことに日本の惟神《かんながら》の教えというものは、その点について最も純真正大に根本に返し、そうしてまったく小我を排脱して、派生的に利那的に活きまいとする傾向を持っております。」（二〇九～二一〇）

続いて安岡先生は、日本民族に「骨力」を求めておられる。

「浅薄な痙攣的感傷からできるだけ骨力あるようにする、毒々しい利己主義からもっと大きい大我的精神に進もう、すなわち個人的には人格主義、理想精神を、国民として軽薄な外国模倣に非ずしてもう少し自国の民族精神、民族文化を体得しよう、西洋民族としては東洋民族の持てる不思議な渾沌性に学ぼう、こういう欧米の識者に深い自覚ができております。」（二一七）

大我的精神／人格主義／理想精神／民族精神／民族文化

安岡先生が、『日本精神通義』を通じて日本民族の回復を訴えているのはこの精神である。

日本民族がこの精神を回復できれば、日本精神が根底となり、西洋文明が枝葉となる世界が出来上がる。これが、安岡先生の描く理想の世界である。最後に残るのは、「日本精神の本義とは何か」ということである。

二　日本精神の本義

（一）純一無雑

安岡先生によれば、東洋思想は西洋思想と違って次のような特徴をもっている。

①「自我というものを、ある偉大なるものに対する感激の裡に忘れ、これを抛《なげう》ち、捧げて行こう、すなわち『己れを忘れ、己れを抛って、ある偉大なるものを奉じ、これに生きてゆこう』ということになる。」（二二八）

②「理想精神、偶像礼拝、およそ偉大なるものに憧れて生き甲斐を覚えることになる。」（二二八）

③ある偉大なるものに対する犠牲的、あるいは奉仕的、もっと適切には祭祀的ともいうべき思想。」（二二八〜二二九）

④「非常に有機的であり自然であり、人格的であるという特徴を有する。」（二二九）

安岡先生は、「この東洋思想の中でも、いちばん純一無雑なるものが日本精神である。」と主張されている。（二三〇）

純一無雑

それこそ日本精神の本義と云える。

(二) いかに死すべきか

安岡先生は、「純一無雑」からさらに「武士道」に話を進めておられる。東洋民族と西洋民族の生き方を比較すると、西洋民族が「いかに生くべきか」と考えるのに対し、東洋民族は「いかに死すべきか」と考える。その中でも、日本民族はその生き方を最も純化させている民族である。それが武士道である。先生によれば

> 武士道はいかに死すべきかという覚悟の上に立っている。

（二三五）

安岡先生は、この「武士道」の生き方を「祭祀」から説明されている。

「祭という文字の左側の上の夕は、肉の一片を筋まで表したものであります。右は手を表したもので、下の『示』は神を表している。神様に自ら大切な生命の糧をそなえることであり、『まつり』の意味を表す文字であります。『祀』という文字は、『似也《しなり》』と『孝経』の註にもありますが、二六時中、夢寐《むび》にこれを思うて忘れず、常にその人在《い》ますに似たりという意味をいうのであります。すなわち、祭祀という意味は忘るる能わざるところの、ある偉大なるものに、自己の一切を捧げて行く。

海行かば水づくかばね
山行かば草むすかばね
大君のへにこそ死なめ
かへりみはせじ

という、この気持を現わすのが『まつり』であります。ここにおいて、我らいかに死すべきかという東洋精神は、最も活き活きとして我らにこれらの言葉、観念、思想、覚悟と

なって、実生活に現れ文化を創造しているのであります。」（二四三〜二四四）

安岡先生の云われる「祭」「祭祀」には、

大切な生命の糧をそなえる、／偉大なるものに自己の一切を捧げる

という深い精神的な意味がある。

あらゆる祭、祭祀の中で最も神聖かつ至高なものが天皇の祭祀である。

(三) 三種の神器・天皇

かくして安岡先生は、三種の神器・天皇論に筆を進められている。

「さて、内において深き直観、感情において深き優情を貴ぶがごとく、我々の現実欲望の生活上においても、解脱を貴ぶ。これを称して『勇』というのです。偉大なるものに感嘆

して、己れを忘れて参じて行くには、当然、現実の執着を絶って理想に向かっての躍進、勇がなければならぬ。これを貴ぶのであります。すなわち、知と行との矛盾を許さない。知行の合一、生命の全き躍進を愛するのであります。これらはいわば、日本精神より発する根本道徳、『中庸』の言葉でいえば『三達徳《さんたつとく》』とでも申しますか、それを最もよく表徴するものは、我が皇室に斎《いつ》き祀《まつ》られるところの三種の神器であります。」（二四九～二五〇）

「三達徳」とは、天下のどこでも通用する三つの徳、即ち「智」「仁」「勇」のことで、『中庸』に示されている。

智・仁・勇

安岡先生によれば、この三達徳を最もよく表わしているものが、皇室に祀られている「三種の神器」、即ち皇位の標識として歴代の天皇が受け継いでこられた次の三つの宝物のことである。

八咫鏡《やたのかがみ》／天叢雲剣《あまのむろらくものつるぎ》／八尺瓊曲玉《やさかにのまがたま》

安岡先生は、これを次のように解説されている。

御鏡は、宇宙を遍照する大光明、大叡智を表徴するものである。智である。
玉は、含蓄、潤い、人間の深い優情・仁愛を表徴するものである。仁である。
剣は、現実の執着を絶ち切り、理想への躍進を表徴するものである。勇である。

即ち三達徳を表徴している。

この三達徳を兼備されているのが、日本の皇室・天皇である。

さらに安岡先生は、皇室と天皇に対するお気持ちを、国民の心持を借りて次のように表現されている。

「日本国民の皇室、天皇に対する心持は、いろいろ理論をもって説明すべきものであるよりは、端的に、これ無くんば日本人は生活のできない感激の対象であります。国民性そのものの至高の要求、やむにやまれない信仰であります。」（二五二）

それでは何故、国家が神聖なのか。天皇は絶対不可侵なのか。これについて安岡先生は、

是非に及ばず

「至純の東洋精神、日本主義からすればあくまでも『まつろう』ものは『まつろひ』の対象には、『是非に及ばず』でなければならぬし、不断に己を抛っての扶翼がなければならぬ。」（二五四）

と説明されている。これは安岡先生の卓越したご見識である。

「まつひろ」の対象には、没我的な純一無雑の精神から接しなければならない。そこには、是非の入り込む余地は全くないのである。

「そこで国家生活に当たっても、日本民族はこれ無くんば国家として国民として生活することができないという、ある偉大なる感激の対象を持たなければやまない。これすなわち皇室、天皇が御座《おわ》すのであります。」（二五二）

皇室・天皇は日本国民の偉大なる感激の対象である。

「平成」から「令和」に移行する今この時期、日本人は全国に湧き上がっているこの「偉大なる感激」に浸っている。国民はご退位された上皇さま・上皇后さまに感謝し、感激し、また新たに即位された天皇の御世に希望と期待を託している。日本は素晴らしい国である。

(四)　偉大なる日本精神とは!!

安岡正篤先生の『日本精神通義』が刊行されたのは、一九三六年（昭和一一）一〇月、安岡先生は、この時期、国内において国民同士が、また海外において日本とアジア諸国が相排斥し対立する事態を懸念しておられた。真の日本精神とは、国家主義者・国枠主義者の独善とは正

反対のものである。『日本精神通義』によれば

「反対に日本精神は、山鹿素行先生が『中朝事実《ちゅうちょうじじつ》』の後にチャンと論じているように、異民族文化を自由に摂取して、そして、これを日本化する上において天縦《てんしょう》の神聖をそなえている。」（二六二）

先生が『日本精神通義』を書かれた意図のひとつは、当時流布していた誤った国粋主義、誤った日本精神論を戒めるところにあった。

「要するに人格と識見と、よほどの『まつり』の心、理想精神によって、それらの『むすび』によってのみ初めてなし得るのです。今、少しく深いものに目醒なければなりません。」（二七九）

まつりの心／むすび

これは、安岡先生が『日本精神通義』を通じて一貫して明めてこられた「かみながらの道」に他ならない。先生は、『日本精神通義』を次のように締め括られている。

「本当の日本精神によれば、できるだけいろいろな人々が、地位、年齢、階級のいかんを問わず、お互いに心を併せて日本の国運を翼賛《よくさん》して行かなければならぬと思うのです。世界は今また渾沌に陥って、日本は世界の『いざなぎ』『いざなみ』の神として、天照大神の信仰を発揚すべき時運に際会いたしております。今こそ深く内に省み、大いに奮発して、次代の国民に新たな『古事記』『日本書紀』などを遺さねばならぬ、と信ずるのであります。大丈夫会心の時代ではありませんか。」（二七九〜二八〇）

これまで一貫して見てきたように『日本精神通義』は、「まつり」に始まり、「まつり」に終っている。「むすび」に始まり、「むすび」に終っている。『古事記』『日本書紀』に始まり、『古事記』『日本書紀』に終っている。極めて難解の書であるが、日本精神と天皇を学ぶ上での至高の書である。

終章　『東洋政治哲学』と『東洋倫理概論』の天皇論

Ⅰ　王道

安岡正篤先生の天皇論の根底には

王道VS覇道
王道VS革命

という基本軸がある。そして、日本の天皇制の歴史と、中国の王朝の興亡・ヨーロッパの王制の歴史を比較された上で

真の王道国家は日本のみ有する世界無比の誇である

という結論を導き出されている。安岡先生はその王道の研究のため、一九三二年（昭和七）一二月『東洋政治哲学―王道の研究―』を刊行された。

安岡先生は、王道を宇宙・万物の造化から説かれている。造化には三つの特質がある。

「第一　造化は無限の分化生成であること。
第二　造化は不断の向上化育であること。
第三　造化は體系的發展であること。」（出所：『東洋政治哲学』安岡正篤、一九八八年、関西師友協会）（九九）

王道はこの宇宙万物の造化の根本原理に則って行われなければならない。

「王道は造化の根本原理に則つて、民を刹那主義利己主義唯物主義的風潮から救つて、出來るだけ一貫した大きな創造的生活に導かねばならぬ。換言すれば子をして父母に、子孫をして祖先に、後人をして先覺に、人間をして天地自然に結んでゆかねばならぬ。このむすびにこそ眞の創造がある。」（一五三）

むすびにこそ眞の創造がある

ここに、安岡先生の独自の王道論がある。

ここで『日本精神通義』（本著第六章）を想い起こしてほしい。「むすび」は祭祀の精神的淵源であり、「神道の根本義」「家庭祭祀・祖宗の祭祀・英雄哲人の祭祀の根本義」である。その中でも最も崇高極りない祭祀が皇室祭祀なのである。

この「皇室祭祀」を全身全霊をもって執り行われておられるのが天皇である。安岡先生によれば、皇室祭祀には次の三つの由来がある。（第五章一五八頁参照）

第一に御鏡の神勅
第二に神籬《ひもろぎ》の神勅
第三に齋庭《ゆにわ》之穂《いなほ》の神勅

このような深遠、崇嚴な宗教的・道徳的哲理を体現している国家は日本を含いて他にない。

日本はまさに王道国家なのである。

Ⅱ　覇道

王道に対するのが覇道である。覇道とは、武力・権謀術数を用いて国を治める政治の道である。覇者の政道である。覇道について安岡正篤先生は、次のように記されている。

「凡そ人心が歸往するといふことは、王者たるの根本的實質よりおのづから生ずる枝葉花實であつて、人心が歸往するとせざるとは元來王者たる本質には寸毫の増減もない。まして人心の歸往といふが、實際は如何にしてそれを測知し得るか、多數の民衆は無知にして王者を解せず、少數の知識階級や社會運動者に依つて『人心』が代表され、或は往々一二の煽動政治家の宣傳に依つてさへ、容易に所謂輿論なるものを喚起されることがあるではないか。人心の歸往、實はうかと信ぜられぬことが多い。そこには僞瞞と策略とが發生する。果して王者の必然的美果たるこの人心の歸往は、やがて霸者姦雄の炯眼に逢うて、『人心の收攬』といふ詐略に變じ、『革命』といふ美名に依る王位の簒奪となるのである。」（一七七〜一七八）

ここに霸者・姦雄とあるが、「霸者」とは霸道を以て天下を治める者で、特に中国・春秋時代の諸侯の首領を指して云う。

安岡先生はまた次のように指摘されている。

「善く内省する哲學を有《も》たぬ人々は王者を單に主權者と思惟し、私心と暴力とを以て天下に王たるべく、王とは實際是の如き人物であると獨斷して來たが、そは霸者であつて、王者ではない。」（一六七）

私心と暴力を以て天下に王たる者は覇者である。

これまでの説明を整理すると次のようになる。

王者―王道
覇者―覇道

安岡先生の政治哲学は、

政治は王道によるべきである

という考えに立っている。先生が『東洋政治哲学―王道の研究』を執筆された所以である。

Ⅲ　天皇は真の王者・日本は真の王道国家

安岡先生は、『東洋政治哲学』の「王道編」に於て、「覇者と王者」に言及された後、「日本天皇」に論を進められている。

「日本の王者を天皇と稱し、又人皇と稱し奉る。是れ造化自體及び造化人なる自覺の明瞭なる證據である。日本の國土臣民は實に天皇の自己顕現であつて、天皇に臣民と同列の『私』は無い。眞に『之を生ほし、之を畜ひ、生ほして有せず、爲して恃まず、長として宰せぬ』―老子―ものがある。故におのづから高く萬民の上に出でゝ神聖不可侵でもある。天皇を『すめらぎ』、『すめらみこと』と稱するは、萬物を一身に統體し給ふ御方の意義であり、又『すめ』は無邊・無限そのものを、『ら』はいら卽ち親愛を（『き』『こ』は嚴肅を、みは美を、とは人の意味）表す言葉とも解せられる。これが宗教的になると、『あきつみかみ』といふ崇拜になる。」（一八四）

日本の王者は天皇である
天皇は『すめらぎ』『すめらみこと』である
天皇は『あきつみかみ』である

さらに安岡先生は、『東洋倫理概論』においても同じ考えを示されている。

「東洋政治哲學の根本經典の一である大學から言へば、蒼生は正しく明徳である。『官』『司』は明明徳の作用を爲す有爲の位である。之に對して蒼生の根原、内外創造の太極、唯一者、箇を一番普遍的な民族的觀念で天と稱するが、國家に於て箇の天を表現する位體を天子と謂ふ。天を神と宗教的に觀念すれば、天子は卽ちあきつみかみ＝あらひとがみ（現人神）であり、天を道徳的に内證すれば、天子は卽ちすめらみことである。」

（出所：『東洋倫理概論』安岡正篤、一九二九年、関西師友協会）（一〇二～一〇三）

天子は、あきつみかみ＝あらひとがみ（現人神）である。
天子は、すめらみことである。

実に天皇は真の王者、日本は真の王道国家なのである。

かくして安岡先生は、「易姓革命」に論をすすめられている。

Ⅳ　安岡先生の不安は「易姓革命」

「易姓革命」とは、中国古代に成立した政治思想で、天子は天命を受けて天下を治めるが、もしその家に不徳の者が出ると、別の有徳者が天命を受けて新しい王朝を開く、というものである。君側の奸や野心家が王位を簒奪することもある。中国の歴史に照らすとこれが恐ろしい。

先生は、『東洋政治哲学』日本天皇編で次のように記されている。

「若し群臣輔弼の力無くして天子暴虐なる時、或は君側奸臣に満ちて、賢者影を潜め、政教壊敗する時、茲に革命が勃發して、君側の奸を掃ひ、新な輔弼の政府が組織される。或は君臣が不可分的に頽廢し、若しくはその革命が野心家に依つて敢行されたる場合、則ち皇室も共に顚覆を免れない。是れ易姓革命である。」（一八六）

もしこの易姓革命が現実化すると

皇室の顚覆

という事態も免れなくなる。さらに恐るべきは

王位の消滅

である。『東洋政治哲学』には次のように記されている。

「易姓革命を反覆してゐる中に、民衆が王者の實現に絶望し、覇者が王號を僞む力がなくなると、茲に王位は消滅する。」（一八六）

王位の消滅とは、日本においては皇室の消滅を意味する

中国における王朝の滅亡の歴史、あるいはヨーロッパにおける王室の歴史を振り返ってみる時、日本での「易姓革命」は何としても防止しなければならない。中国では一九一一年辛亥革命が起き、翌年清王朝は滅びた。中国は今、共産主義独裁国家である。フランスでは一七八九年フランス大革命が起き、九三年ルイ一六世と妃マリー・アントワネットは処刑された。その後、フランスではナポレオン一世の皇帝即位を経て、ルイ十八世による王政復古等があったが、今は共和制である。ロシアでは、一九一七年二月革命と一〇月革命が起き、ニコライ二世と家族は銃殺された。ドイツでは、一九一八年ドイツ革命が起き、ウィルヘルム二世が退位、オランダに亡命した。

これらの国においては、王位の消滅後、二度と王位の復活は実現していない。即ち

王位の消滅は、永遠の消滅を意味している。

このような王制の歴史に目を向ける時、安岡先生の次の指摘には強い説得力がある。

「眞の王道國家は之に反して至尊の自覺が君民を一貫して普遍的に且つ永久的に輝かねばならぬ。」（一八六）

そのためには、真の王者はどうあらねばならないのか。

「眞の王者は造化そのものでなければならぬ。國家が眞に王道的なる爲には、暴君が出るとか、放伐が行はれるとかいふことの迹を絶たねばならぬ。」（『東洋倫理概論』）（一八三）

「國家も時に明君が出ても、屢々易姓革命を免れない様では不安である。」（一八七）

かくして安岡先生は、次のように主張しておられる。

「如何なる革命に臨んでも、それは常に天子の名に於て行はれ、革命が天徳であつて、始めて國家の道義的確立と造詣とを見る。萬世一系の皇統の眞價は此處に存するのである。かうなれば、實は革命と謂はずして、維新と謂ふべきであらう。」

（『東洋政治哲学』）（一八七）

我々は「明治維新」にそれを見ている。革命は天徳によらなければならない。道義的国家を確立するものでなければならない。それこそが

萬世一系の皇統の眞價である。／明治維新はそこに眞の價値があった。

と解すべきである。

真の王道は日本天皇の道に輝き出て居る。

これが、『東洋政治哲学―王道の研究』―日本天皇編の格調高い結論である。

引用文献

（第一章）

『万葉集　全訳注原文付』（一）中西進
『産経新聞』二〇一九年、平成三一年一月三日
FNN　二〇一九年、平成三一年三月一八日
『産經新聞』二〇一九年、平成三一年四月二日

（第二章）

『讀賣新聞』一九八九年、平成元年一月八日
『朝日新聞』一九八九年、平成元年一月一四日
『東京新聞』一九九五年、平成七年一二月三一日

（第三章）
『天皇語録』由利静夫・東邦彦編、一九七四年、講談社
『密室の終戦詔勅』茶園義男、一九八九年、雄松堂出版
『安岡正篤と終戦の詔勅　戦後日本人が持つべき矜持とは』関西師友会編、二〇一六年、PHP研究所

（第四章）
『安岡正篤先生年譜』安岡正篤先生年譜編纂委員会、一九九七年、財団法人 郷学研修所 安岡正篤記念館
『老荘思想』安岡正篤、一九四六年、明徳出版社
『東洋思想研究』第一五號、金雞學院、東洋思想研究所
『東洋思想研究』第四七號、東洋思想研究所
『呻吟語を読む』安岡正篤、一九八九年、竹井出版
『旧百朝集』安岡正篤、一九四六年、福村書店

（第五章）
『日本精神の研究』安岡正篤、一九二四年、玄黄社
『歴代天皇紀』肥後和男編、一九七二年、秋田書店
『元田東野・副島蒼海』叢書、日本の思想家47、巨勢進、中村宏、一九七九年、明徳出版社

（第六章）
『日本精神通義』安岡正篤、一九九三年、黙出版
『古事記』倉野憲司校注、一九六三年、岩波書店
『日本書紀』（一）坂本太郎・家永三郎・井上光貞・大野晋、一九九四年、岩波書店
『歴代天皇・年号事典』編者米田雄介、二〇〇三年、吉川弘文館
『日本書紀』（四）坂本太郎・家永三郎・井上光貞・大野晋、一九九五年、岩波書店
新輯『日本思想の系譜』——文献資料集（上）小田村寅二郎編、一九七一年、時事通信社

（終章）
『東洋政治哲学』安岡正篤、一九八八年、関西師友協會

『東洋倫理概論』安岡正篤、一九二九年、玄黄社

なお用語については、『広辞苑』新村出編、一九八四年、岩波書店、人物の経歴については『コンサイス日本人名辞典』第4版（二〇〇一年、三省堂編集所）、『コンサイス外国人名辞典』第三版（二〇〇二年、三省堂編集所）からいくつか引用させて頂いた。

あとがき

「祭という文字の左側の上の夕は、肉の一片を筋まで表したものであります。右は手を表したもので、下の「示」は神を表している。神様に自ら大切な生命の糧をそなえることであり、「まつり」の意味を表す文字であります。「祀」という文字は、「似也《しなり》」と「孝経」の註にもありますが、二六時中、夢寐《むび》にこれを思うて忘れず、常にその人在《い》ますに似たりという意味をいうのであります。すなわち、祭祀という意味は忘るる能わざるところの、ある偉大なるものに、自己の一切を捧げて行く。」（『日本精神通義』）

これは私が今年最も感動した文章の一つである。この文を繰り返し繰り返し読むうちに私は、

天皇陛下（現上皇さま）が、何故皇室祭祀を全身全霊をもって執り行われておられるのか。

天皇陛下が、何故ご公務に全身全霊をもって打ち込まれておられるのか。

その理由を心底から納得できたのである。お釈迦様の年を一～二年後に控えた私が実践したのは、この全身全霊の精神であった。

「二六時中、夢寐にこれを思うて忘れず、常にその人在ますに似たり」

私は、一年半にわたって二六時中本書の執筆に集中し、文字・文章・人物・歴史的事実がいくたびか夢にまで出てきた。一週間、毎晩夢を見続けたこともある。『金剛経』に「夢幻泡影」という言葉があるが、私にとってこれは、夢は、幻でも泡でも影でもなく、現実であり、真実であった。その集中力がしからしめたのであろうか。原稿枚数は予定の倍以上に達してしまい、最終段階で約半分をカットすることとなった。編集担当の向井徹さんには、余計なお手数をかけてしまい、深くお詫び申し上げる次第である。

『安岡正篤先生の天皇論・国家論』というこれまで誰れも取り組んだことのない新しい分野に挑戦できたのは、株式会社明徳出版社の佐久間保行社長と本木秀長のご理解とご協力の賜である。

公益財団法人郷学研究所・安岡正篤記念館の諸資料については、田中一三常務の多大なご協力を得て利用させて頂いた。これなしに本書は完成しなかったと云っても過言ではない。深甚な謝意を表す次第である。

『安岡正篤先生と禅』『安岡正篤先生と親鸞』に引き続き本書についても、娘の信子に原稿のパソコンへの打ち込み、明徳出版社とのメールのやりとりをすべて任せることができた。安岡正篤先生の難解なご著書の読み取りや漢字の打ち出しに慣れてきて、自分の世代では真似できない適応力に感じ入っている。

最後に、本書の執筆によって私は、『古事記』『日本書紀』を始め、引用文献に数倍する本を読む機会を得て、神話時代からの日本の歴史・天皇制に関する新しい知見を習得することが出来た。今後さらに知識を深め、『安岡正篤先生の天子論』を企画したいと考えている。いずれにしても来年私は、お釈迦さまの年を迎える。末後に向けて全身全霊の精神を持ち続け、今第四作の執筆にとりかかっている。

水野　隆徳（みずの　たかのり）

1940年、静岡県の臨済宗妙心寺派の寺に生まれる。東京大学卒業後、富士銀行入行。調査部ニューヨーク駐在シニアエコノミストを経て独立。

金融財政事情研究会ニューヨーク事務所所長、富士常葉大学学長、奈良学園理事等を歴任、現在（公益財団法人）郷学研修所・安岡正篤記念館理事。禅と安岡教学に基づいて人道・政道・経営道を説く「水野塾」を主宰。

1986年、白隠禅師ゆかりの松蔭寺の中島玄奘老師に弟子入り、2000年、赤根祥道師に学び、2001年より臨済宗向嶽寺派官長・宮本大峰老大師に参禅、現在向嶽寺塔頭の真忠軒にて座禅・作務・読書の生活。

著書に『アメリカの罠』『円覇権への道』『水野隆徳の円とドルの読み方』『アメリカ経済はなぜ強いか』『徳と利の経世学』『安岡正篤先生と禅』『安岡正篤先生と親鸞』など多数。

ISBN978-4-89619-846-1

安岡正篤先生の天皇論・国家論

令和元年十二月　三日　初版印刷
令和元年十二月　九日　初版発行

著者　水野隆徳
発行者　佐久間保行
印刷　㈱興学社
発行所　㈱明徳出版社

〒167-0052
東京都杉並区南荻窪一―二五―三
電話　〇三―三三三三―六二四七
振替　〇〇一九〇―七―五八六三四